CREATING INNOVATION

Texte, Bilder, Werkzeuge

Christof Breidenich

Holger Nils Pohl

Christof Breidenich
Holger Nils Pohl

CREATING INNOVATION
Texte, Bilder, Werkzeuge

Der neue Gestaltungsprozess
für Unternehmen, Organisationen und Marken

Impressum

Konzeption und Gestaltung:
Christof Breidenich und Holger Nils Pohl

Bibliografische Information der Deutschen Nationalbibliothek: Die Deutsche Nationalbibliothek verzeichnet diese Publikation in der Deutschen Nationalbibliografie; detaillierte bibliografische Daten sind im Internet über http://dnb.dnb.de abrufbar.

1. Auflage 2016

© 2016 Stiebner Verlag GmbH, Grünwald
© 2016 für Fotos, Illustrationen und Markenzeichen bei den Fotografen, Unternehmen und Agenturen

Alle Rechte vorbehalten. Wiedergabe, auch auszugsweise, nur mit Genehmigung des Verlags.
Gesamtherstellung: Stiebner, Grünwald

www.stiebner.com

Printed in Hungary
ISBN: 978-3-8307-1436-1

Vorwort

8   Creating Innovation –
    Theoriebücher sind langweilig
    und Praxisbücher sind meistens
    nicht fundiert.

Einleitung

10 Der neue Gestaltungsprozess
    Die Verquickung von Theorie und
    Praxis.
18 Werkzeug: Visuelle Bibliothek

WISSEN

26 1. Von Ackerbauern
    und Formgebern
    Vorstellung der Kulturen des Gestaltens.
29 Werkzeug: Check-In

34 2. Design?
    Ein Begriff – viele Bedeutungen und
    Deutungen.

37 3. Unlösbare Probleme
    Grundvoraussetzung bei kreativer Arbeit
    ist die Akzeptanz, dass es keine eindeuti-
    gen Ergebnisse geben wird.
39 Werkzeug: Acceptance

41 4. Methoden für Strategien
    Design Thinking – Werkzeuge zur Inte-
    gration von Gestaltung in Innovations-
    prozessen.

43 5. Kreativität – von der Kunst in
    die Wirtschaft
    Die Moderne als Vorhut und Experiment.

REZEPTION

50 1. Von Schönem
    und Hässlichem
    Die unmittelbare Verfertigung der Ge-
    danken beim visuellen Arbeiten.
54 Werkzeug: Draw it!

58 2. Modellkonstruktionen der
    Kunstgeschichte
    Erfahrungsräume und Konstrukte des
    Visuellen.
60 Werkzeug: Flipchart Sketches

Inhalt

65   **3. Der Verrat der Bilder**
Die Kraft des Bildes und deren Bezug zur Wahrheit.

67   **4. Mit Modellen arbeiten**
Das Abbildhafte als alternative Wirklichkeit.

WIRKUNG

74   **1. Was machen die Bilder im Museum?**
Systematiken und Ordnungen ergeben sich aus unterschiedlichen Intentionen kultureller Haltungen.
76   Werkzeug: Bilder Galerie

79   **2. Die Hinterbühne der Kommunikation**
Die Vielfalt der Kombinationen ermöglicht Gestaltungsdynamik.
81   Werkzeug: Stöbern

86   **3. Gestalten auf Teufel komm raus**
Die Inflation des Digitalen und die Kraft des Einfachen.
88   Werkzeug: Paper Point

93   **4. Deutung und Bedeutung**
Die Differenz zwischen Wissen und Anschauung führt zu neuen Entdeckungen.

ZEICHEN

98   **1. Bild und Abbild**
Die Wirkung der Bilder geht über das Visuelle hinaus.
102   Werkzeug: Romanische Persona

108   **2. Identitäten der Kultur**
Die Aneignung der Unverwechselbarkeit aus dem Fundus der Historie.
110   Werkzeug: Grand Tour

116   **3. Entstehung von Identitäten**
Aus der Notwendigkeit zu unterscheiden entstehen Varianten der Bedeutung.

119   **4. Identität und Deutung**
Interpretationen und deren Folgen.

120   **5. Identität und Innovation**
Die Dynamik modifizierter Zeichen.
123   Werkzeug: Visuelle Identität

127   **6. Die semiotische Konstante**
Visuelle Zeichen, Unmittelbarkeit und kulturelle Codierung.
129   Werkzeug: Periodisches System

STORIES

136   **1. Rhetorik – die Gestaltung der Sprache**
Das Bild, das dem Wort entspringt.

136   **2. Sprechende Bilder**
Die visuelle Kompetenz der Narration.

139   3. Wer nicht lesen kann, muss schauen
   Die Formen des Erzählens als Erinnerungs- und Antizipationsinstrument.
142   Werkzeug: Fruchtbarer Augenblick

147   4. Bilder als Dramaturgien
   Das Potential statischer und bewegter visueller Kommunikation.
149   Werkzeug: Innovation Comic

155   5. Überzeugung und Manipulation
   Die Attraktion des Unbekannten.
157   Werkzeug: Plus Ultra

FORM

164   1. Zwischen Naturnachahmung und Individualismus
   Das Abbild und das abbildlose Bild.

169   2. Warum die Realität nicht immer die gleiche ist
   Die unterschiedlichen Darstellungen der Wirklichkeit.

171   3. Fotografie = real, Malerei = abstrakt?
   Die Botschaft des technischen und des handwerklichen Bildes.
173   Werkzeug: Action Plan

REALITÄT

180   1. Die Realität des Virtuellen
   Die Auslotung der Grenzen.
183   Werkzeug: In 100 Jahren

188   2. Das Wahre der Wahrnehmung
   Die Bedingungen des Bewusstseins eröffnen multiple Welten.

191   3. Vermischung von Realitäten
   Anreicherungen und Simulationen.
195   Werkzeug: Virtual Rapid Prototyping

Fazit

200

Quellen

202

Creating Innovation – Theoriebücher sind langweilig und Praxisbücher sind meistens nicht fundiert

Produkt-, Service- und Markenzyklen werden immer kürzer und dynamischer. Mit dem Internet, wie wir es bis heute kennen, aber auch mit dem Internet der Dinge und dem 3-D-Druck in der Zukunft steigt die Konkurrenz der Ideen, die möglichen Alternativen und die Anzahl der Werkzeuge für Verbesserungen und Neuerungen in sämtlichen unternehmerischen Bereichen: jeder hat Zugang, jeder kann Mitmachen, die Kosten sind anfangs minimal. Die Kraft des Erfolgreichen hängt dabei maßgeblich von der Art der Gestaltung und der Benutzerfreundlichkeit ab (siehe *Apple* oder *airbnb*). Technik (das *iPhone* funktioniert intuitiv. Zielgruppe ist der Mensch, nicht der Techniker) und Kapital (*airbnb* besitzt weder Hotels noch andere Immobilien) treten damit immer mehr in den Hintergrund. Was zählt sind neue Ideen, die begeistern und bei Menschen ankommen. Um dahin zu gelangen nutzen wir einen neuen Prozess, bei dem wir uns auf Theorien (Geschichten) und historische Bilder stützen, die dann konkret zu Gestaltungswerkzeugen und Workshopabläufen umgesetzt werden.

Mit der Dynamik unserer gegenwärtigen Wirtschaft und der Verschiebung der Prioritäten von materiellen hin zu emotionalen Werten zeichnet sich der Bedarf nach Integration von Kreativität und Innovationspotential in vielen professionellen Umfeldern ab. Früher waren es die Künstler, dann die Designer und nun findet man kreative Arbeitsgemeinschaften in allen erdenklichen Unternehmensumfeldern. Welche Mittel für kreatives Arbeiten stehen uns – neben der trivialen und dekorativen Beliebigkeit von Standardwerkzeugen und -quellen – zur Verfügung? Klassische künstlerische Techniken? Psychologie, strategisches Design oder Management-Werkzeuge? Wir glauben an ein theoretisches Fundament, das sich aus der Geschichte von Bildern und Geschehnissen, die gegenüber allem oben genannten den Vorteil implementieren, dass sie ihre effektive Wirkung in einem historischen Kontext bewiesen haben.

Texte, Bilder

Was können wir von Bildern lernen, wie können sie uns in kreativen Prozessen bei der Bearbeitung von Gestaltungsproblemen helfen? Der Weg dahin kann nicht theoretisch be- oder vorgeschrieben werden, dafür aber praktisch erarbeitet werden. Es bedarf Praktiker, die einen theoretischen Fokus in gestalterische Problemstellungen transformieren können. Praxis ohne Theorie ist Beliebigkeit, Theorie ohne Praxis ist Selbstzweck. Die Autoren – beide Designer – orientieren sich an Texten und damit an Theorien, die mittels der Kraft des Historischen die Geschichten liefern, die die Praxis des Entwerfen stützen, fördern und erinnerbar machen.

Werkzeuge

Sind Sie ein Macher? Wollen Sie Neues umsetzen? Kreativ-Methoden, Design Thinking, Practice Based Research – auf den Methodenseiten (grau hinterlegt) findet man Werkzeuge, die jeden in die Lage versetzen zu kommunizieren, zu präsentieren und zu informieren: Die Praxis des Problemlösens fordert Techniken und Methoden, mit denen Teams aus Unternehmen, Marken, Organisationen und Dienstleistungen selbst arbeiten können. Hier erfahren Macher, was zu tun ist, wenn man um die Ecke denkt.

Die Autoren

Der neue Gestaltungsprozess

Was bedeutet das Adjektiv *neue* in der Überschrift, die hier in Konzept und Vorgehensweise dieses Buches einführen soll? Ein Prozess bildet den Kern eines jeden Gestaltungsproblems. Im einfachsten Fall sind das schnell dahin geworfene Skizzen auf Servietten, die Varianten des Problems darstellen. Diese werden priorisiert, vieles wird aussortiert, weniges wird einen Schritt weiter im Prozess ergänzt, modifiziert oder intensiviert. Danach bleibt erneut weniger übrig. Vielleicht nur eine oder zwei Varianten. Diese werden rein gezeichnet, zur Präsentation oder Produktion vorbereitet: Prototypen und Handmuster entstehen. Ähnliche oder komplexere Gestaltungsprozesse kennen alle, die sich professionell mit Design, Kreation oder Innovationsstrategien beschäftigen. Was soll sich hinsichtlich dessen als neue Vorgehensweise anbieten? Diese Frage beantwortet sich, wenn im Folgenden das Wesen von Gestaltungsproblemen, das Verhältnis des Wissens von Theorie und Praxis, die Ausrichtung auf historische Vorbilder und die Ableitung von Erkenntnissen aus der Historie auf die Praxis des Gestaltens grob umrissen werden. Darauf folgt ein Beispiel aus der Zeit des späten Barock und der Aufklärung und dessen Transformation in methodische Kreation.

Das Visuelle und die Anschaulichkeit von Sachverhalten bildet ein wesentliches Merkmal für die Arbeit mit Gestaltungsproblemen. Wenn Bilder bei kreativen Prozessen helfen, und diese Prozesse einen großen Teil unserer Arbeit in vielschichtigen Kontexten ausmachen, sollte man überlegen, worin das Wesen dieser Hilfe liegt. Im Gegensatz zu Problemen mathematischer, naturwissenschaftlicher oder quasi eindeutiger Natur, die auf eine einzige richtige Lösung zielen, sind Gestaltungsprobleme prinzipiell unlösbar. Das hört sich paradox an, weil uns in der Schule beigebracht wurde, dass Probleme normalerweise – nach dem Motto:

4 + 5 = 9 – immer eindeutig gelöst werden können. In der Gestaltung von Dingen, Medien und Kommunikation ist das nicht der Fall. Könnte man das ideale Smartphone, die erfolgreichste Werbekampagne oder den Top Ten Popsong antizipativ und zweifellos intentional kreieren, dann würden die Ergebnisse am nächsten Tag mit aller Wahrscheinlichkeit verbessert und damit wieder relativiert werden. Denn allen, die an Gestaltungslösungen arbeiten, kann eine beste Lösung gelingen. Gestaltungslösungen sind also nicht limitiert, so wie mathematische Ergebnisse. Auf die kurze Zeit der funktionierenden besten Lösung folgt immer eine neuere bessere Lösung.

Wie lösen wir Gestaltungsprobleme? Welche Rolle spielen Theorie und Praxis? Dass dabei Theorie hilfreich sein kann, mag man zuerst nicht erahnen. Gestaltungsprobleme werden im Allgemeinen praktisch gelöst. Wie soll man eine Social-Media-Kampagne, ein Printmagazin oder eine Innovationsstrategie denn theoretisch bearbeiten? Theoretische Auseinandersetzung ist sprachlich – an Modellen orientiert – die niemals eindeutig mit reellen Gegebenheiten deckungsgleich sind. Modelle bieten Hilfsmittel auf dem Weg in die konkrete Praxis. Der Weg zur Lösung kann aber nicht eindeutig theoretisch be- oder vorgeschrieben werden. Sowohl die Differenz als auch die Abhängigkeit von Theorie und Praxis sind in Gestaltungsprozessen bekannt. Ohne Theorie keine Praxis. In den vorliegenden Gedanken und Darstellungen begründet sich Kreativität auf der Methode des angewendeten Denkens. Der Leser wendet sich buchstäblich von der Theorie der Historie zur Praxis der kreativen Methoden und umgekehrt. Historische Bildkommunikation als Inspirationsquelle für die Arbeit an kreativen Problemen. Dessen Mehrwert ist so ungewöhnlich wie offensichtlich.

Einleitung

Die folgenden Ausführungen verstehen sich als theoretische Fundierung und angewandte Praxis zugleich. Historische Ereignisse und visuelle Kreativmethoden werden in Beziehung gesetzt. Warum wurden Gemälde seit der Renaissance nicht mehr auf die Wand, sondern auf eine transportable Tafel gemalt, vom Maler signiert und mit einem Rahmen versehen? Wieso wurde ein dreidimensionaler Raum, der sich perspektivisch in einen Hintergrund verjüngt, vor der Renaissance nie konstruiert? Weil die Menschen es nicht konnten oder weil sie es nicht wollten? Die Einführung von Bilderrahmen und perspektivischer Komposition bildeten Lösungen für damalige Probleme, die rückblickend analysiert, Parallelen zu heutigen Problemen offensichtlich werden lassen. In diesem genannten Fall konnten die Maler durch ihre neu gewonnene Kenntnis der Perspektive ihre Fähigkeit als individuelle Autoritäten und damit als Autoren ihrer Bilder begründen. Dazu später mehr.

Warum geschahen die Dinge in der Geschichte so, wie sie geschahen? Weil die Geschichte dem menschlichen Geist entspringt, weil die Geschichte von nachfolgenden Generationen konstruiert und nach Gusto modifiziert wurde und weil Geschichte als Bedeutungsträger das Selbstverständnis derjenigen stützt, die Geschichte interpretieren. Der Blick desjenigen, der vergangene Problemstellungen auf heutige anwendet, ist auf die vielen Konstruktionen von Bezügen, Varianten und Renaissancen (Wiedergeburten) gelenkt. Seine Ausrichtung fokussiert sich weniger auf die Analyse von historischer Wahrheit als auf das Material historischen Gestaltens: Motive, Strategien, Genres, Vermischungen und Modelle erregen die Aufmerksamkeit von gegenwärtiger gestalterischer Arbeit. Designer, die an heutigen Gestaltungsproblemen arbeiten, bilden die Basis um Prozesse und Wissen abzubilden, welche zu innovativen Lösungen führen sollen. In der Ausbildung von Designern spielen theoretische Fundierung und kreative Methoden längst keine Nebenrollen mehr. Designer und andere Kreative erlernen beispielsweise Kunst- und Mediengeschichte nicht explizit so wie es bei Historikern gefordert ist, vielmehr geht es darum, historische Phänomene mit praktischen Problemstellungen kreativer Arbeit in Verbindung zu setzen. Damit kann ein theoretisches Argumentarium von unschätzbarem praktischen Wert erzeugt werden. Gestalten heißt immer auch ohne Rücksicht auf individuelle Geschmäcker schlüssig zu begründen, warum etwas so oder so sein könnte. Der Schritt aus der Beliebigkeit von Objekten und Umgebungen wird nur dann glaubhaft, wenn der Erneuerung oder Veränderung ein haltbares und glaubhaftes Kriterium zugrunde liegt: Zum Beispiel ein historischer Vorläufer, der seine Wirkung und seine Kommunikationsleistung ja bereits bewiesen hat!

Tour und Tourismus:
Reisen als Kulturtechnik.
→ S. 17

Ein Beispiel soll das Prinzip verdeutlichen: Dem jungen englischen Edelmann im 18. Jahrhundert, von seinem aristokratischen Vater auf die Reise ins gelobte Italien geschickt, hat es nicht gereicht, sich historisch zu bilden um mit diesem Wissen dann touristische Meriten zu sammeln und als aufgeklärter Weltenkenner zu gelten. Der Benefit einer Grand Tour war im Kern die Legitimierung zukünftigen Handelns durch Abgleich mit historischen Vorbildern: Unter den damals gegenwärtigen Bedingungen der Aufklärung werden historische Ideale der römischen Antike hinzugezogen. Das führt zum Klassizismus und damit zur Abkehr der ästhetischen Mittel des Barocks. Ein folgenschwerer Paradigmenwechsel für ein neues Zeitalter: Wer Neues fordert, muss dieses im Vergangenen legitimieren.

Welche Parallelen zu aktuellen Problemstellungen bietet dieses Szenario? Die Fähigkeit historische Artefakte zu differenzieren, setzt die Notwendigkeit der Konstruktion von Bedeutung und Inhalt für das zu Unterscheidende voraus. Denn nur wer die Bedeu-

Plausible Modelle für die Konstruktion aber auch die Kulturtechnik der Geschichte finden wir bei Bazon Brock und Beat Wyss. (Brock, 2005, S. 419; Wyss, 2013)

tung eines Inhaltes kennt, kann eine Unterscheidung zu anderen Bedeutungen denken. Die Floskel: *Man sieht nur, was man weiß* bringt diese Tatsachen sehr schön auf den Punkt. Dabei geben theoretisches Wissen (ausgewiesen durch Texte) und praktische Anschauung (Kontext von Kunstwerk und Umgebung) wiederum als Theorie-Praxis-Kombination den Impuls für Neues. Das

Die Kopfbedeckungen und Perücken zeugen noch von der aristokratischen Zeit des späten Barocks. Die sich angeregt unterhaltenden Herren befinden sich in einer Ruinenlandschaft, die wohl auch als Thema für die Diskussionen herhalten muss. Die historische Schulung an historischen Bauwerken und die daraus abgeleitete Systematisierung wird zum neuen Selbstverständnis einer aufgeklärten Gesellschaft am Ende des 18. Jahrhunderts.

Abbildung 1: Katherine Read, British Gentlemen in Rome, ca. 1750, Yale Center for British Art, Paul Mellon Collection, New Haven.

unbekannte Neue impliziert aber auch das Scheitern jeglicher Absicht. Gestalten heißt, Risiken immer prinzipiell anzuerkennen, und damit die Option sowohl des Erfolgs als auch des Scheiterns als Möglichkeitshorizont des Arbeitens einzukalkulieren. Auch das hört sich erst einmal widersinnig an. Ist es aber nicht, da Gestaltungsprobleme nie eindeutig gelöst werden können. Wenn sich Kreative als Experten für Neues ausweisen, dann müssen sie sich nicht nur auf das Alte beziehen (das Neue wäre als Differenz ja sonst nicht erkenntlich), sondern sich gleichwohl vom Alten entfernen, ohne zu wissen oder garantieren zu können, das Richtige zu tun. Damit setzen sie alles auf eine Karte. Nämlich auf die Toleranz von Konsumenten und Rezipienten das Neue überhaupt erst zuzulassen. Im Bezug auf den Willen zu Neuem verweist Bazon Brock auf die Absichten der Künstler der Moderne. Ihr Wille zur Innovation wurde an Unternehmer und die Gesellschaft weiter gereicht. Und damit gilt die Moderne mit ihrem ungebändigten Gestaltungswillen als historischer Motor für die Inflation zeitgenössischer Kreativität. Kreativität und Innovation beinhalten ein hohes Risiko! Wenn sich gleichsam Schulkinder, Politiker, Bankangestellte, Hausfrauen und Projektmanager wie auch konventionell Designer, Musiker und Architekten über Kreativität legitimieren, dann kann dieses Potential nur durch die Anbindung an das Alte zur Geltung führen. Ein Risiko liegt im paradoxen Wesen der Akzeptanz von Unsicherheit bei der Arbeit in kreativen Prozessen. Daraus resultieren Prinzipien und Verhaltensregeln für kreatives Arbeiten. Diese gelten für sämtliche Werkzeuge, die in diesem Buch vorgestellt werden:

- Wir arbeiten mit dem Stift in der Hand. Was nicht notiert wird, existiert in wenigen Minuten nicht mal mehr als Gedanke.
- Wenn wir einen Begriff auf einen Klebezettel schreiben, ergänzen wir eine simple Skizze.

- Bilder helfen uns eher als Begriffe die Dinge schneller zuzuordnen.
- Wir gehen respektvoll miteinander um. Das bedeutet, wir gönnen anderen ebenso viel Redezeit, wie wir uns selbst wünschen.
- Wir sagen *Ja, und...!* anstatt *Aber...!* Eine positive Sprache führt uns zu besseren Ergebnissen. Es gibt keine falschen Ideen. Quantität steht über Qualität.
- Wir fragen *Was wäre wenn...?* Und *Wie könnten wir...?* um unsere Gedanken zu öffnen statt uns zu verschließen.
- Unsere Aufmerksamkeit gilt dem Workshop und unseren Mitstreitern. Digitale Ablenkung lassen wir vor der Tür und in den Pausen.
- Wir kümmern uns aktiv um unsere Kommunikationshygiene. Das heißt auch im Blick zu halten, wie es uns geht und dass unser Energielevel ausgeglichen bleibt.
- Wenn wir können, sagen wir es mit Bildern.
- Wenn wir es nicht mit Bildern sagen können, dann sagen wir es mit wohl gemeinten Wörtern.

So wenig sich dieses Regelwerk als neu herausstellt, um so aufregender ist es die methodischen Ansätze des kreativen Arbeitens nach historischen Vorbildern neu zu denken. Schließlich ist die Beweiskraft des Historischen unumstößlich. Das *Neu* bezieht sich weder darauf, dass neben den theoretischen Wissenschaften (Texte, Schrift) auch Bilder oder visuelle Zeichen in der Lage sind zur Erkenntnis zu führen, denn das ist seit der Renaissanceformel *ut pictura poiesis* und damit seit dem 15. Jahrhundert bekannt. Noch bezieht es sich auf die Prominenz und Akzeptanz von Kreativmethoden in strategischen Innovationsprozessen, die seit dem Design-Methods-Movement in den 60er Jahren (in Deutschland seit der Gründung des Hasso-Plattner-Institutes in Potsdam,

1998), zum Kanon der Kultur prozessorientierter Gestaltung gehören. Das *Neu* bezieht sich vielmehr auf den Bezug zum *Alt*, der Vergangenheit, der Kulturgeschichte, der Beweisführung durch Gewesenes und der Verknüpfung Vergangenheit und Gegenwart mit Ausrichtung auf die Zukunft zu denken.

Das kognitive Potential (Kapitel Wissen), die Bedingungen der Wahrnehmung (Kapitel Rezeption) und dem daraus resultierenden visuellen Kommunikationsgehalt (Kapitel Wirkung) skizzieren den Menschen als Bildertier. Die Übersteigerung von Bedeutung über das Abbildhafte der Bilder hinaus (Kapitel Zeichen), die narrativen Kombinationen (Kapitel Stories), die formalen Grenzen des visuellen Gestaltens (Kapitel Form) und die aufgrund dessen zustande kommende Realitätsempfindung sowie deren Übersteigerung (Kapitel Realität) umreißen die Konfigurationen und Aggregatformen der Bildkommunikation: Das Potential und die Grenzen des Visuellen. Sowohl die Bilder, als auch die Geschichten und Theorien erscheinen in Beziehung zu den Werkzeugen in einem anderen Licht. Sie werden zum Material der Erinnerung, zur Anleitung durch Abfolgen, die mittels visueller Kraft überzeugen: Statt aus der Geschichte lernen (was viel zu passiv ist), sollte man mit der Geschichte gestalten!

Bevor das erste der beschriebenen Inhaltskapitel beginnt, folgt jetzt exemplarisch ein Werkzeug für die Kreativpraxis. Nach diesem Muster sind alle Kapitel konzipiert: Theorie, Bilder mit eingestreuten Werkzeugen bilden den *neuen Gestaltungsprozess*.

→ Tour und Tourismus

Attilio Brilli zeigt in dem Band „Als Reisen eine Kunst war" die Kunst- und Literaturgeschichte der Grand Tour auf (Brilli 1992, 2012). Besonders bemerkenswert sind die Umstände der Reisewirklichkeiten im 18. Jahrhundert und der Wille zur kulturellen Bildung anhand von Kunstwerken der Antike. Der in Deutschland lehrende Philosoph Byung-Chul Han führt mit seiner Publikation „Transparenzgesellschaft" die Begrifflichkeit und die Unterscheidung zwischen den Formen und Arten des historischen und des gegenwärtigen Reisens auf (Han, 2012).

VISUELLE BIBLIOTHEK

Ganz besonders beim Gestalten ist es von großer Wichtigkeit, eine gemeinsame Sprache zu haben. Denn wenn die Begriffsverwendung unklar ist, werden auch die Ergebnisse nebulös und wenig kraftvoll daher kommen. Konzentrieren wir uns wieder auf den Menschen als Bildertier, dann wird schnell klar, dass Bilder eine große Kraft entwickeln können, um eben diese gemeinsame Sprache zu unterstützen oder gar zu entwickeln. Die *visuelle Bibliothek* ist der Ansatz einer gemeinsamen, visuellen Sprache, die jedes Mitglied der Gruppe versteht und auch sprechen kann. Das gemeinsame Entwickeln der *visuellen Bibliothek* hilft dabei, dass die Gruppe im Einvernehmen über die Bilder ist und ein gemeinsames Verständnis der zu Grunde liegenden Konzepte und Ideen herrscht.

Ganz konkret besteht eine *visuelle Bibliothek* aus Kernbegriffen, denen jeweils eine einfache, simple Zeichnung zugeordnet ist. Das kann mit der Zeit zu einem regelrechten Archiv – eben einer Bibliothek – heranwachsen.

Allen Teilnehmern müssen folgende Dinge klar sind: Es geht hier nicht um Kunst und die perfekten Bilder. Es geht nur um hilfreiche, schnelle Zeichnungen, die gerne auch gekrakelt sein können. Es gibt kein *besser* oder *schlechter* – nur ein *passend*.

Template Bildentwicklung
Als Download auf: www.creating-innovation.com

Wir agieren in einem geschützten, wohlmeinenden Umfeld. Es muss ein allgemeines Einverständnis mit den jeweiligen Zeichnungen hergestellt werden. Die Meinung Einzelner hilft hier nicht weiter – die Gruppe muss entscheiden.

Und so funktioniert es:

In einem Brainstorming werden die wichtigen ersten Begriffe gesammelt (Brainstorming: 5 Minuten stilles Schreiben, ein Klebezettel pro Begriff, dann 10–15 Minuten gemeinsames Brainstorming an der Wand ohne zu sortieren oder zu bewerten). Danach werden die Begriffe sortiert und priorisiert. Dafür eignet sich die einfache Matrix *Oft genutzt – selten genutzt – einfach – kompliziert*. Die Begriffe, die in *Oft genutzt – einfach* landen, sind gut geeignet um damit zu starten. Das sollte nicht länger als 5-20

Minuten dauern. Jetzt teilt sich die Gruppe in 2–3er Teams auf, die sich jeweils ein paar Begriffe zum Visualisieren vornehmen. Bei einfachen Begriffen wie *Unsere Firma* wird das recht schnell gehen. Für komplexere Konzepte wie *Sales* empfiehlt sich ein gezielter Prozess zur Bildentwicklung.

Als kleines, fleißiges Helferlein dient das simple Werkzeug *Bildentwicklung*, wie wir sie selbst immer wieder einsetzen, wenn wir auf etwas stoßen, das wir noch nie dargestellt haben. Das dazugehörige Template beinhaltet nur zwei Ebenen – *Beobachten* und *Verdichten*.

1. Man beginnt in kleinen Teams mit dem *Beobachten*. Dazu spalten wir den Begriff in seine Einzelheiten auf, in beschreibende Adjektive, kulturelle Hintergründe oder den Kontext des Einsatzes. Was macht den Begriff aus? Wie würden wir ihn jemandem beschreiben, der nicht aus dem Unternehmen kommt? Was hat er für bestimmte Eigenschaften? Mit welchen Metaphern wird bei uns im Unternehmen dieser Begriff oft umschrieben? Zu diesen Einzelaspekten des Begriffes lassen sich meist recht einfach einzelne Bilder finden, die sich dann lose in das *Beobachte*-Feld eintragen lassen.

2. Danach versuchen wir spielerisch die passendsten Bilder zu einem kombinierten Bild zusammen zu stellen. Manchmal kommen in dieser Phase auch wieder neue Ideen, die noch nicht in der ersten Phase aufgetaucht sind – das ist ok und wünschenswert!

3. Wenn wir uns dementsprechend angenähert haben, nehmen wir uns ein frisches Blatt Papier und zeichnen das neu entwickelte Bild samt Begriff auf.

Das Ergebnis soll nicht zu kompliziert sein, damit die Bilder auch während eines Gespräches gezeichnet werden können. Arbeitet man die finalen Zeichnungen auf maximal DIN A6 Karten aus, erhöht man die Chance sich visuell zu reduzieren.

Ziel ist es eine gemeinsame visuelle Sprache zu finden. Die Begriffe, die mit den Bildern gekoppelt sind, sollten allen geläufig sein. Jeder Teilnehmer kopiert jede Zeichnung einmal auf ein Papier. Danach werden Zweiergruppen gebildet, die anhand einer aktuellen Problemstellung aus den Tätigkeitsfeldern des Unternehmens ausprobieren, wie sie die zuvor entwickelten Bilder nutzen können.

Das Besondere an diesem Werkzeug: Es endet nicht mit dem Workshop, sondern die Elemente können tagesaktuell für Diskussionen und Präsentationen benutzt werden. Es ergeben sich erfahrungsgemäß immer wieder neue Erkenntnisse zu den Begriffen, die dann in die gemeinsame *visuelle Bibliothek* eingearbeitet werden können.

Zur Vorbereitung

Dauer: 30–90 Minuten

Gruppengröße: Je nach Gruppengröße alle zusammen (max 8) oder in Gruppen zu 3–5

Material (pro Gruppe):
- Template *Bildentwicklung*
- DIN A4-Blätter
- Klebezettel
- Permanent-Marker
- Bleistifte
- Radiergummi
- Bilder der bestehenden visuellen Bibliothek

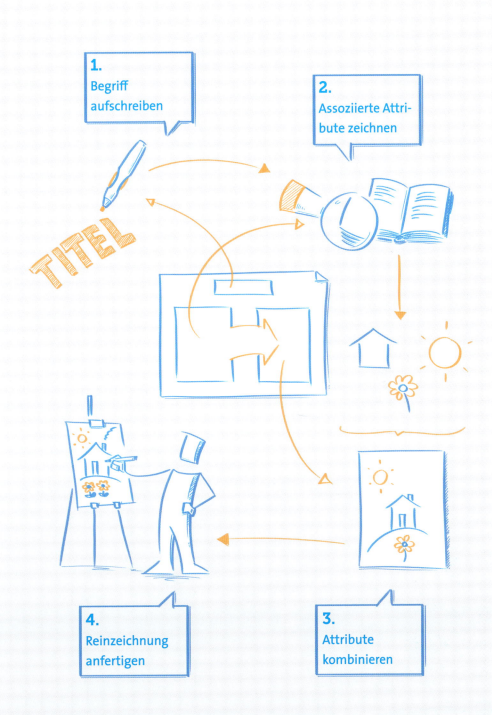

„Well, we know where we're goin'
But we don't know where we've been
And we know what we're knowin'
But we can't say what we've seen"
Talking Heads (Road to Nowhere)

1. Von Ackerbauern und Formgebern

Die Überlegung, was den Menschen zum Menschen macht, führt sehr schnell zur Begriffsdichotomie Natur und Kultur. Den beständigen Teil der Welt bezeichnen wir als Natur, den wandelbaren als Kultur. Oder anders: Unter Kultur versteht man „... Systeme, die eine globale Einstellung von lokalen Regeln abgeleitet haben, und deren lokale Regeln mitsamt ihrer lokalen Einstellung vererbbar sind." (Mühlmann, 1996, S. 17) Aus dieser systemtheoretischen Unterscheidung leitet sich ein bemerkenswerter Anknüpfungspunkt ab: Kommunikationsleistungen bestehen jenseits von Affekten: Menschen kommunizieren nicht nur von Mensch zu Mensch oder von Mensch zu einer Gruppe, sondern ebenso mittels Verbindlichkeiten, die als Handlungen über Generationen indirekt weitergegeben werden. Das ist sehr interessant für die hier begonnenen Betrachtungen. Wenn kulturelle Gemeinschaften sich nicht nur untereinander Verbindlichkeiten auferlegen, sondern diese Verbindlichkeiten auch über die mediale Kommunikation hinaus vererben können, dann wird die Spur der Kommunikation mit Bildern über die Jahrhunderte weitaus deutlicher sichtbar. Somit müsste auch die Kompetenz die Welt zu gestalten, wofür wir hier den Begriff Design verwenden wollen, nicht nur eine gegenwärtige sondern auch eine gewachsene Qualität aufweisen.

Wie gestalten sich die Zusammenhänge zwischen historischen Bildern und den Anforderungen zeitgenössischer visueller Kommunikation? Die moderne Bildwissenschaft unterscheidet längst nicht mehr zwischen kunsthistorischen und alltäglichen Bildern. Seit vor Jahrzehnten der *Iconic Turn* ausgerufen wurde und damit die Vorherrschaft bilddominanter Medien als Kanon für unser kulturelles Selbstverständnis einnahm, fokussiert sich die Aufmerksamkeit in alle Richtungen der Bildkommunikation. Doch worauf sind die Intentionen, Kompetenzen und das Wissen über Bilder, deren Verführungstaktiken und Orientierungspotentiale eigentlich zurückzuführen? Wir finden Bilder in Museen, Massenmedien, Spezialisten- und Subkulturen. Diese werden gestaltet von Künstlern, Wissenschaftlern, Marketingmanagern oder Kommunikationsdesignern. Wo sind da die Grenzen und die Kohärenzen? Wer sind die Autoren und welchen Kalkülen folgen sie?

Ständig verändert sich die Welt und sobald wieder eine solche Veränderung ins Bewusstsein tritt, wird uns klar, wie wenig wir eigentlich über deren Ausgangssituation und primären Notwendigkeiten wissen. Seit den Zeiten, da der Mensch den Boden für sich nutzbar machen konnte (und somit sesshaft wurde) wird die Welt gestaltet (beackert) um sie so brauchbar und zum menschlichen Vorteil zu verwandeln. Nichts anderes drückt das einfache wie auch berühmte Diktum von Herbert Simon aus, wenn er behauptet, dass Gestaltung immer eine bestehende Situation in eine gewünschte verwandelt (Simon, 1996, S. 111). Damit hätten wir – abgekoppelt vom Zustand des Zufälligen und Profanen – ein Kalkül: Die Intention zu gestalten, so wie es Künstler, Werkkunstschüler, Kunsthandwerker und Designer seit über hundert Jahren tun. Welches Wissen liegt diesem zugrunde? Wer gestaltet gegenwärtig und zukünftig unsere Welt und auf welches Material wird dabei zurückgegriffen? Welche Rolle spielen dabei Wirtschafts- und Politikleader und deren Kompetenz, eine Gesellschaft zu gestalten? Oder einfach: Wer gestaltet unsere Welt? Die digitale Vernetzung scheint einen Wandel anzukündigen, so dass man sich Designer in Positionen wünscht, die von ihnen bis dato nicht eingenommen wurden.

Gibt man den Begriff Gestalt in eine digitale Übersetzungsmaschine, dann erscheint im englischen der Begriff *shape*, der aber genauso erscheint, wenn man das deutsche *Form* eingibt.

In den Entwicklungsschritten des modernen Designbegriffs spielen das Bauhaus, die Hochschule für Gestaltung in Ulm und das Design-Methods-Movement herausragende Rollen.
→ S. 28

International hat man sich – wenn es um die Bezeichnung der Gestaltung von Produkten, Medien, Kommunikationen, Bekleidung oder Dienstleistungen geht – auf den Begriff Design geeinigt. Um dieser Begriffsverwirrung Herr zu werden und um die Spur der Entwicklung von Gestaltung besser ausmachen zu können, schauen wir in die Historie der Begriffe und der Praktiken, die uns die Welt verbessern halfen. Lassen wir Aktivitäten, wie die Gründung der Accademia del Disegno, 1563 von Vasari und die mannigfaltigen Bewegungen und Diskurse im 19. Jahrhundert (Arts and Crafts Movement) weg, dann stoßen wir auf drei maßgebliche Entwicklungsschritte: Das Bauhaus, die Ulmer Schule und den Diskurs über Kreativität und Wissen (maßgeblich US amerikanisch und Britisch seit den 1960er Jahren geprägt). Man könnte diese historischen Fixpunkte heranziehen, um eine Deutung und eine Voraussicht der Entwicklung von Gestaltung in der Zukunft ausfindig zu machen. In der Verbindung mit dem aktuellen Geschehen einer verwässerten Design Szene könnte somit eine folgenschwere Deutung für zukünftiges gestalterisches Handeln prognostiziert werden: Was tun Menschen, wenn sie gestalten, bzw. designen? Was tun Studierende, wenn sie Design studieren? Was erhoffen sich Unternehmen, wenn sie ihre Manager zu Design-Thinking-Workshops schicken? Was denken sich Frisöre, wenn sie ihre Geschäfte mit hair-design betiteln?

→ Entwicklungsschritte des modernen Designbegriffs

- Das Bauhaus entwickelte eine krasse Unterscheidung zwischen Kunst und Gestaltung. Die allesamt von Künstlern und Architekten ausgebildete Bauhaus Schülerschaft erarbeitete und erlernte eine Gestaltungssprache, die weder auf gesellschaftliche noch herrschaftliche Konventionen referierte.
- Die Hochschule für Gestaltung in Ulm legte im Nachkriegsdeutschland den Grundstein und internationalen Maßstab für die Ausbildung und die Haltung von Gestaltern im multidisziplinären Kontext. Gestaltung heißt ab Ulm „visuelle Kommunikation". Bauen, Film, Ingenieurswissenschaften, Soziologie und Psychologie hielten Einzug in den Gedankenhorizont der Gestalter und sollten diese für eine Massenkultur tauglich machen.
- Das Design-Methods-Movement, welches ab 1962 sowohl Forschung als auch neue Formen der Generierung von Wissen und Lernen ausprägt.

CHECK-IN

Wenn wir einen umfassenden oder modernen Designbegriff propagieren müssten, dann würde man Design als Methode definieren, wie Innovation, Probleme oder allgemein Gestaltungsaufgaben bearbeitet werden. Die Gestaltung digitaler Interfaces verlangt verstärkt einen Fokus auf Nutzbarkeit und damit auf die Prinzipien des menschlichen Handelns. Von daher müssen wir von einem Arbeitsprozess ausgehen, bei dem der Mensch im Zentrum steht (human centered). Mit diesem ersten *Werkzeug* adressieren wir eben diesen Punkt.

Zu Beginn eines jeden Arbeitstreffens, sei es ein Meeting, ein Workshop oder eine Konferenz, gibt es den einen Zeitpunkt, der über Erfolg oder Niederlage der anstehenden Arbeit entscheidet. Das ist der Moment, an dem alle ihren Platz gefunden und der Teamleiter die Anwesenden begrüßt. Der Ton und die Wortwahl sind essenziell für die Stimmung im Raum und die darauf folgende gemeinsame Zeit. Es ist im Prinzip der sichere Ort mit der Bedeutung, dass man im Team Risiken eingehen kann, auch mal über die Stränge schlagen darf und alles offen äußern kann, was einen bewegt – ohne dass die Gefahr droht, bloßgestellt zu werden, Ablehnung zu erfahren oder gar verspottet zu werden. Diesen *sicheren Ort* gilt es bereits zu Anfang zu markieren und zu definieren. Und dabei kann der *Check-In* helfen.

Wissen

Der *Check-In* stellt die Basis des Meetings als selbstverständliche Phase für alle Grundlagen des kreativen Zusammenarbeitens dar. Ein Flipchart bietet das ausreichende Arbeitswerkzeug der Kennenlernphase.

Und so funktioniert es:

1. Ein freundliches *Willkommen! Schön dass Ihr alle da seit!* mit einem echten Lächeln im Gesicht bewirkt oft Wunder.

2. Als Überschrift des *Check-In* Flipcharts dient der Zweck des Meetings ergänzt durch das Datum des Meetings (um in Fotoprotokollen den Überblick behalten zu können).

3. Darunter gibt es auf der linken Seite eine breite Spalte und rechts ein schmale Spalte. Links werden mit der Gruppe zusammen die erwünschten, einzunehmenden Rollen notiert und rechts die Unerwünschten. Rollen sind in diesem Fall so zu verstehen, dass wir für unterschiedliche Arbeitsprozesse auch unterschiedliche Arten von Verhaltens- und Denkweisen benötigen. So brauchen wir in der Phase der Ideengenerierung die Querdenker, die Störer, die Träumer, die Visionäre und auch die Steuermänner. In der Phase der Konsolidierung von Ideen sind andere Rollen besser geeignet, wie zum Beispiel der Fachmann, der Wissensträger, der Logiker, der Netzwerker, usw. Mit der Definition der Rollen legt man die Spielregeln für das Verhalten in der Gruppe fest. Wer ausbricht, kann damit leicht wieder abgeholt werden.

4. Jetzt kommt ein entscheidender Aspekt des *Check-In*. Und das ist die Definition der Zeit, die das Treffen einnehmen wird. Die heutigen digitalen Kalender Systeme geben uns gerne

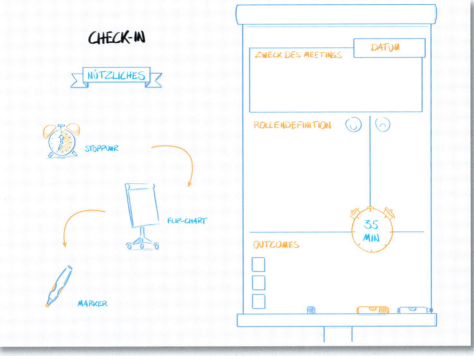

Template Check-In
Als Download auf: www.creating-innovation.com

automatisch eine Stunde als Zeitfenster für einen Termin. Doch warum soll ein Meeting immer eine Stunde dauern? Auch dann, wenn alles eigentlich in 55 Minuten oder gar in 25 Minuten gesagt werden kann? Wenn man nur 35 Minuten braucht, warum dann ein Treffen von einer Stunde?

5. Im unteren Drittel werden zu guter Letzt die erwünschten Ergebnisse des Meetings festgehalten. Drei konkrete Ergebnisse sind meist eine gute Zahl, um nicht zu ambitioniert oder zu locker an die Aufgabe heran zu gehen. Hauptsache die Ziele sind real gesteckt! Sonst führt es schnell zu Enttäuschungen.

6. Hängen Sie das *Check-In* gut sichtbar im Raum an die Wand. So kann immer wieder darauf Bezug genommen werden und die getroffenen Vereinbarungen bleiben jedem im Bewusstsein.

Zur Vorbereitung

Dauer: 30 Minuten
Gruppengröße: Alle gemeinsam
Material:
- Flipchart
- Dicke Marker
- bei Bedarf Template *Check-In*

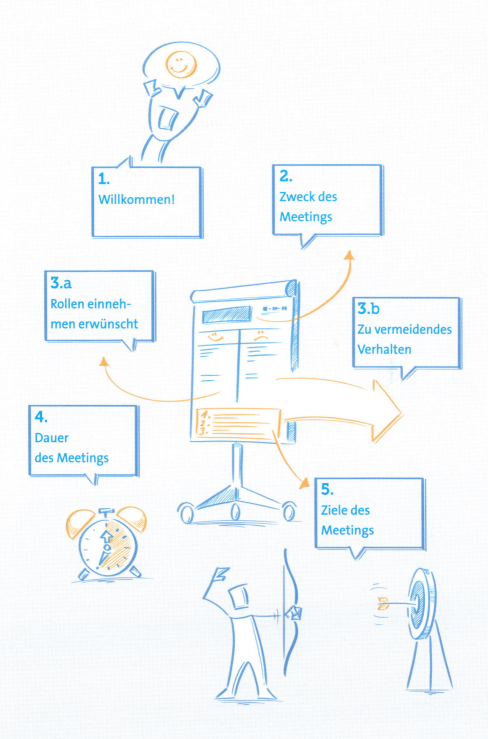

2. Design?

Spätestens seit den 60er Jahren wird Design also deutlich breiter definiert. Man spricht von integriertem Design und meint damit einen Designer, der in sämtliche Schritte von Management-, Produktinnovation-, Marketing-, Service- oder Raumplanungsprozessen mit eingebunden ist. Kein Verschönerer oder Oberflächendekorateur, sondern ein durch sein Denken und Wirken am Wesentlichen Beteiligter. Folglich wurde es immer schwerer überhaupt die Tätigkeit des Designers zu fassen, was zum Ergebnis einer totalen Verwässerung aus allen möglichen Kombinationen von Hauptwörtern + Design führte: Social Design, Service Design, Designmanagement, Design Thinking, Experience Design, Emotional Design, Bio Design, Game Design, Medien Design, Sound Design, Animation Design, Information Design, etc. Dabei fällt auf, dass es sich um Kombinationen des Begriffs Design handelt, die entweder mit einem Gegenstand oder Sachverhalt (Medien, Game, Sound, Animation) oder um welche mit einer menschlichen, bzw. sozialen Komponente (Denken, Dienstleistung, Erlebnis, Gefühl) verknüpft werden.

Der Leitgedanke hinter einer Designdefinition, die sich auf die technischen Konstrukte stützen, führte uns vom Analogen (zeichnen, modellieren, etc.) zum Digitalen (bildschirmbasierte Entwurfsinterfaces). In dieser Entwicklungslinie erfährt man aber immer mehr, dass technische Konfigurationen unstabil sind und sich stetig wandeln. Genau so wie sich die Medienwelt des Nutzers alle fünf Jahre komplett verändert, so ergeht es der des Designers ebenso. Beschränkt man sich also auf den Kern des Wesens der Gestaltung bleibt am Ende immer eine Konstante: Gestalten tut man für den Menschen. Dieser lebt sozial, mit allen Sehnsüchten, Verschwendungen, Uneindeutigkeiten und Leidenschaften und ist ausgerichtet auf eine Zukunft, die diese

Voraussetzungen im schlechtesten Fall garantieren soll. Damit ist evident, dass Logik und Eindeutigkeit mit Gestaltung erst einmal wenig zu tun hat.

Die oberflächlich pluralistische Sichtweise der Designbegriffe und -bezeichnungen erscheint lediglich so heterogen, da unterschiedliche Autorengruppen und Protagonisten verschiedene Ansprüche einfordern. Schlussendlich geht es nur um den Nutzen und den Zweck einer Situation (Kaufaufforderung, Produkt, Dienstleistung, Wohnsituation, kulturelle Codierung), die im Zuge einer Gesellschaft entstehen, die sich auf dem Wege der Orientierung von ökonomisch wachsend auf ökonomisch sozial befindet und die Stellschrauben sucht, die dieses sowohl politisch als auch praktisch möglich machen. Richard Buchanan liefert folgende Einteilung für die Ansprüche eines zeitgenössischen Designbegriffs: 1. Symbolische, visuelle Kommunikation, 2. Materielle Objekte, 3. Aktivitäten und Dienstleistungen, 4. Komplexe Umgebungen zum Leben, Arbeiten, Lernen (Buchanan, 1992). Schaut man sich diese, oder aber auch die Aufzählung unten an, dann verweisen die Statements immer auch auf eine ethische und soziale Ebene:

- Service = öffentliche Institutionen, Krankenhäuser, Behörden, Bahnhöfe, Restaurants, Museen, Bildungseinrichtungen, etc.
- Thinking = Erweiterung des Wissens aufgrund von nicht logischem (im Gegensatz schulbasiertem) Lernen.
- Experience = Maschinen und Interfaces funktionieren so, dass Menschen diese verstehen.
- Bio = ethische Grenzen bei der Gestaltung des lebendigen Körpers.

Wie schaffen wir es unser Wissen in Bezug auf einen verbindlichen Begriff von Gestaltung, der sich mit den sozialen und politischen Aspekten einer Massengesellschaft, die sich immer mehr auf digitale Vernetzung, globale Ausrichtung und schwindendes ökonomisches Wachstum einstellen muss, theoretisch zu generieren, um dieses dann in eine sinnvolle Praxis umzusetzen? Denken wir uns Zukunftsszenarien aus, wie zum Beispiel Datenbrillen oder dreidimensionale Druckerzeugnisse, die in einigen Jahren so allgegenwärtig sein werden wie heute das Smartphone, dann kann sich ein zukünftiger Designbegriff nicht mehr an Techniken ausrichten (Game, Animation, Interface oder Print), sondern muss sich von den Oberflächen der Objekte verabschieden. Oder anders, um in unserem Themenfeld zu bleiben, müssen sich sowohl historisch, als auch massenmediale Bilder und deren Wirkungsgefüge einer kulturellen Neubewertung unterziehen. „In Fortsetzung des Beuys'schen Imperativs öffnen wir heute den anthropologischen Kunstbegriff hin zu einem erweiterten Designbegriff, der sich als Herstellungsbegriff kultureller Praxen versteht." (Milev, 2011, S. 88) Eine aus dem Geiste der postmodernen Kunst entstandene Praxis wirkt sich mannigfaltig auf das Streben nach Innovation und integrierten Strategien im Management und in der Wirtschaft aus. Wo finden wir das Neue und mit wem begeben wir uns auf die Suche?

3. Unlösbare Probleme

Rationale Probleme in den Naturwissenschaften sind lösbar. Meistens gibt es eine singuläre Lösung, die mehr oder weniger komplex auffindbar ist. Die Zusammensetzung der Basenpaare in der DNA des menschlichen Erbgutes, der Verbrauch von Erdöl und der damit verbundene CO2-Ausstoß oder die Messung der Nutzung von Medien im traditionellen Sinne im Vergleich mit dem Internet sind eindeutige Größen, die messbar und mit einem stimmigen Wert beantwortbar sind. Richtig oder falsch sind hier die Parameter, die das explizite Wissen sehr einfach lernbar und beurteilbar machen.

Weitaus mehr wird verlangt, wenn wir von einer anderen Art des Wissens sprechen, bei der ein Lehr- und Lernprozess nicht scharf und eindeutig ist. Probleme, deren Lösung unterschiedlicher Art sein können. Probleme, bei denen die Herangehensweise über die Art der Lösung entscheidet. Diese Probleme sind user-centered, also auf den Menschen fokussiert, der sich in einer Situation befindet oder ein Objekt benutzt. Das Zentrum dieses Problems bildet aber nicht die Situation oder das Objekt, sondern die Menschen in deren Kontext. Horst Rittel und Melvin Webber formulierten 1973 den Begriff *wicked problems* um darzustellen, dass neben den eindeutigen Problemstellungen Gestaltungsfragen nie mit richtig oder falsch zu beantworten sind. Sie weisen weder einen allgemeingültigen Kontext, noch eine klare Liste operationeller Lösungsschritte auf. Jede Lösung ist eine Teillösung, jede Herangehensweise ist abhängig von der Definition des Betrachters (Protzen, 2010). Webber und Rittels allgemeine Theorie der Planung lässt sich zusammen mit Thematisierungen des weichen Wissens von Michael Polanyi in dem Diktum zusammenführen: *Wir wissen mehr, als wir sagen können.* Logisches Denken – Denken in vorhersehbaren Folgen und nachvollziehbaren Abläufen

— fußt auf logischen Kommunikationssystemen, wie mathematischen Formeln oder wissenschaftlichen Texten. Ein von diesem Denken abgeleitetes Lernen ist eindeutig bewertbar. Die Orientierung anhand von Bildern entzieht sich dagegen einer determinierten Operation der Erkenntnis. Bilder sind punktuell, uneindeutig, verweisen auf unterschiedliche Referenzsysteme und sind kontextabhängig zu deuten. Ob Bilder als Zeichen, Kunstwerke oder Nachrichten fungieren – würde man den Kontext entfernen oder vertauschen, dann wären Missverständnisse das Ergebnis. Es bleibt uns also nichts anderes übrig, als mit der Ohnmacht der Uneindeutigkeit zu arbeiten und uns auf die Stärken und Vorteile von Bildern als erinnerbare und einprägsame Informationsträger zu verlassen. In der Gestaltung und Kommunikation mit Bildern hilft uns das Unterscheidungspaar Theorie und Praxis nicht mehr weiter. Eine Theorie, die zu einer praktischen Umsetzung oder Erkenntnis führt, lässt sich in der Gestaltung und dem Einsatz von Bildern nicht rechtfertigen. Das Prinzip von *Design Thinking* basiert auf dem Wissen, dass Gestaltungsprobleme niemals eindeutig gelöst werden können. Visuelle, teambasierte und praxisnahe Arbeitsweisen bieten jedoch effiziente Ansätze zum Umgang mit solchen Problemen.

→ Methode Design Thinking

Die Rezeption von Worten und Bildern führen zu einer unterschiedlichen Erinnerungsleistung. Bilder haben ein weitaus höheres Potential, gesprochene oder gelesene Worte ein kleineres. Seit Jahrzehnten werden Kreativtechniken, die sich das höhere Erinnerungspotential von Bildern zu Nutzen machen, praktisches Entwerfen und teambasiertes Arbeiten auch in der Managementausbildung und -praxis angewendet.

Vor allem in der strategischen Ausrichtung und der Planung von Innovation gilt „Design Thinking" mittlerweile als ein unumgängliches Tool. Es handelt sich um eine Unzahl von Methoden des teambasierten Arbeitens, welche sich einer eindeutigen und standardisierten Definition entziehen. Allen gemeinsam sind u.a. folgende Grundregeln: Nicht theoretisieren, sondern machen! Lasse Fehler zu. Erweitere die Ideen der Anderen. Denke visuell und human centered.

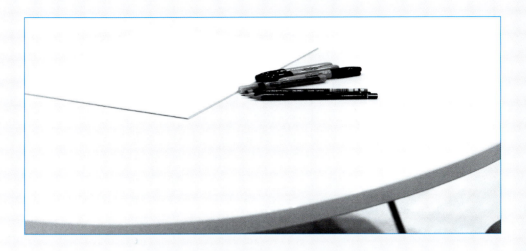

ACCEPTANCE

Eine erhöhte Komplexität an Auswahlmöglichkeiten schafft Unzufriedenheit und Unsicherheit. Die Bezeichnung von Problemen, bei denen der Mensch und sein Lebensumfeld im Zentrum der Betrachtungen steht, als *wicked problems*, führt prinzipiell zuerst einmal zu verhaltenen Reaktionen.

Paradox of Choice, die Auswahl, die uns durch ihre schiere Größe lähmt, fördert ein Verlustgefühl, wenn wir uns für die eine Möglichkeit entscheiden, weil dann anscheinend viele andere Möglichkeiten über den Tellerrand fallen. Wenn wir Lösungen für Probleme suchen, auf die es nicht die eine richtige Antwort gibt, sondern eben viele verschiedene, dann fühlen wir uns verloren und ständig im Zweifel, das Richtige zu tun.

Es bleibt uns nichts anderes übrig als das Potential der Wahlmöglichkeiten zu akzeptieren. Wir können uns nur einer Lösung annähern, die eventuell dieses Problem adressieren wird, vielleicht aber auch ein anderes, neues Problem aufwirft. Somit ist *Acceptance* eine wichtige, geistige Grundhaltung für die Entwicklung von Innovationen und neuen Ideen. Wir werden am Ende eines Prozesses vielleicht ein, zwei, drei oder mehr innovative Konzepte entwickelt haben. Die restlichen, die auch noch passen könnten, müssen unangelastet bleiben. Eine Lösung für eine Problemstellung wird nicht dadurch besser, dass sie möglichst viele Eventualitäten abdeckt. Eine Lösung wird dann richtig gut, wenn sie kreativ, innovativ und getestet worden ist. Sie können diese Aussagen und Tatsachen des Überschusses von Möglichkeiten während des *Check-Ins* schon anbringen.

Und so funktioniert es:

1. Laden Sie alle Teilnehmer ein, sich einen Klebezettel und einen Stift zu nehmen.

2. Bitten Sie die Teilnehmer jeder für sich aufzuschreiben, von welchem Grundsatz sie heute Abstand nehmen werden, um dem Team zu ermöglichen, erfolgreich zu sein.

3. Jeder Teilnehmer soll den Zettel unterschreiben und aufhängen.

4. An der Wand hängend sind diese Zettel Erinnerungshilfen, falls zwischendurch und während des Arbeitsprozesses eben doch wieder der *Paradox of Choice* hochkommt.

4. Methoden für Strategien

Woran richten wir unser Lernen aus, wenn wir von kontextbasierten und uneindeutigen Problem- und Lösungskonstrukten ausgehen? Der logischen Rationalität stellt sich die praktische Erfahrung gegenüber, die Wissen in Form von Methoden des Ausprobierens und Testens implementiert. Praxisbasiertes Lernen und Forschen hält unter verschiedenen Prämissen Einzug in die Welt von Strategien der Kommunikation und der Innovation. Starre Regeln der industriellen Gesellschaft führen in digital vernetzten Kulturen in Sackgassen. Klare Differenzen, wie Produzenten und Konsumenten, sind längst aufgehoben. In der Wissenschaft werden Urteile aufgrund von Bildern gefällt. Der *Iconic turn* propagiert lautstark die Orientierungsmaxime visuelle Kommunikation in allen erdenklichen Wirkungsfeldern. Ob Radar- und Röntgenbild, Big Data und komplexe Informationsgrafiken, Weltraumteleskope oder Werbebotschaften versprechen, überzeugen, informieren und orientieren anhand von visuellem Material, bei dem das Wort nur noch einen bescheidenen Beitrag leistet. So grob die Unterscheidung Wort- und Bildkultur auch ist, so klar sind deren historische Referenzen: Das Wort führt zu einer Wissenschaftskultur von den elitären Mönchsgemeinschaften des Mittelalters bis zum bürgerlichen Gelehrten, das Bild leitet unsere Emotionen und Befindlichkeiten hinsichtlich künstlerischer oder alltäglich im populären Kontext dargebotener Leitbilder in die Kontemplation oder in Kommerz und Unterhaltung. Das Lernen durch Worte (explizit) führt zur Systematisierung von Situationen und Objekten für die unterschiedlichsten Bedürfnisse, das Lernen durch Bilder (implizit) zur Emotionalisierung, Beeinflussung und Orientierung von Akteuren (in Situationen) oder Benutzer von Objekten (Medien).

Strategische Innovation durch Implementation von Design Thinking.
→ S. 38

Howard Gardner definiert und unterscheidet sprachliche, musikalische, logische, räumliche, körperbasierte und visuelle Eigenschaften als unabhängige Intelligenzen beim Menschen. (Gardner, 1993)

In der heutigen Methodik des Designs sind Strategien von praktischem Lernen längst selbstverständlich. Integriert man Design in Managementpraktiken, dann spricht man von *Design Thinking-Methoden*. Hierbei werden unterschiedliche Arten der Intelligenz mit unterschiedlichen Herangehensweisen geweckt und bespielt. Das Ziel hierbei ist immer, Probleme der Innovation zu artikulieren und damit auf die Zukunft auszurichten. Die Methoden sind vielfältig, haben aber ihre einfachen wie auch wenigen Grundregeln. Gemeinsam ist allen, dass man vorher nie die Lösung kennt.

Auch wenn wir hier nur einige Beispiele zeigen, wird deutlich, wie groß das Potential von Erkenntnissen ist, das auf die Vermittlungskraft von Bildern zurückzuführen ist. Nicht selten hat es den Anschein, dass unser erlerntes explizites Wissen aus Schule und Beruf den weitaus größeren Teil unserer Bildung ausmacht, wohingegen die Wichtigkeit von Bildwissen eher in die Schublade Unterhaltung und alltägliche Kommunikation geschoben wird. Dem gegenüber stehen die Kraft der Erkenntnis, dass paradigmatischen Erfindungen, wie die Doppelhelix der DNA, perspektivische Geometrik oder Keplers kosmologisches Modell allesamt ästhetischen Betrachtungen folgen. Auch wenn es nahe liegt, dass naturwissenschaftliche Phänomene im Gegensatz zu ästhetischen quasi objektiv daher kommen, zeigt die zunehmende Bedeutung von Bildern in den Naturwissenschaften das Gegenteil. Wollen wir die Welt erklären, dann kann der Status des Rationalen meist nur durch die Interpretation des Ästhetischen begründet werden. Die moderne Naturwissenschaft kann der Dichotomie Raum/Zeit auf der einen Seite und der menschliche Geist/Seele auf der anderen nicht mehr Folge leisten. Vielmehr sind es die Medien auf den Beziehungsebenen Mensch und Natur, die den Beobachtenden in das Gefüge des Beobachteten mit einbeziehen (Reck, 1989, S.128). Medien liefern gleichzeitig die Bedingungen, in dem sie durch ihr Beschreiben das Beschriebene verändern. Das führt uns zur Erkenntnis, dass die Betrachtung von ästhetischen Phänomenen in der Vergangenheit unter den gleichen Bedingungen stattfand, wie heute bei der Gestaltung unserer Gegenwart und sogar der Zukunft. Wenn etwas erlernt oder gewusst werden soll oder kann, dann nur mittels der ästhetischen Interpretation – auch wenn diese im Falle einer objektiven Natur als Fiktion entlarvt wird.

Abbildung 2: James Watson und Francis Crick vor ihrem Doppel-Helix-Modell der DNA Struktur, 1953.

Die Anschaulichkeit des DNA Modelles war ausschlaggebend für die Entdeckung und den Beweis der Zellstruktur (Watson, 2011).

5. Kreativität – von der Kunst in die Wirtschaft

Joseph Beuys postulierte schon, dass wenn er schreibe, er ebenfalls zeichnet (Beuys, 1989). Er zeigte damit, dass neben dem visuellen Charakter der Schrift, diese auch das persönliche und einen eigenen visuellen Ausdruck kommuniziert. Beuys als großer Überwinder der klassischen und modernen Kunsttechniken wollte das Soziale in den Status der Kunst einführen. Somit musste

Die Aussage „Auch wenn ich meinen Namen schreibe zeichne ich" von Joseph Beuys zeigt sehr deutlich, dass die Kulturtechniken Schreiben und Zeichnen nicht zwangsläufig eine traditionelle künstlerische Könnerschaft bedeuten müssen. Genausowenig, wie eine Handschrift schön sein muss, um bedeutende Inhalte darzulegen, muss es eine Zeichnung.

wer Künstler werden oder sein wollte nicht unbedingt zeichnen oder bildhauern können. Ihm war bewusst, dass jeder auch noch so profane Umgang mit visuellen Mitteln Erkenntnisse und Veränderungen auslösen kann. Die Art und Weise der Veräußerungsformen jenseits der Logik eines Textes sind vielfältig. Jedoch haben die alltagsprachlichen Begriffe oberflächlich betrachtet einen infantilen Beigeschmack: Basteln, Malen, Experimentieren. Schaut man näher hin, so führen die abfällig betrachteten Tätigkeiten zu dem, was wir heute unter Kreativtechniken verstehen. Das schnelle Skizzieren in Brainstorming Sessions, das Basteln von Prototypen mit Schere, Kleber und Pappe oder das Darstellen von sozialen Szenarien mit Lego Figuren bildet die zeitgenössische Variante von anschaulicher Vermittlung.

Dieses geht aber nicht nur aus der postmodernen Kunst hervor. Schon weit früher existierten Ansätze von anschaulicher Vermittlung für den Erkenntnisgewinn in unterschiedlichen Situationen und Sachlagen. Um nur eine markante Position zu nennen, sei auf Rudolf Arnheim verwiesen. Er zeigt deutlich die Unterschiedlichkeit des Erkenntnisgewinns durch Schrift und Bild, bzw. Material. Wortsprache ist eindimensional, Materialsprache hingegen immer zwei- oder dreidimensional, was zur Folge hat, dass sich Modelle (auch theoretische) anschaulicher und damit eingängiger darstellen lassen. Auch er verweist auf die visuellen Kräfte der Anschauungsmodelle in den Wissenschaften. Ebenso merkt er an, dass die Dimension der Erfahrung durch Anschauung der Erkenntnis wertvolle Dienste erweist. Auch wenn Personen in größerer Entfernung kleiner erscheinen obwohl sie genau so groß sind, als wären sie in der Nähe, handelt es sich hier nur um einen Widerspruch im euklidischen Sinne. Unsere Erfahrung und damit unsere visuelle Kompetenz kann mit dieser „Unebenheit des Wahrnehmungsraumes" hervorragend umgehen (Arnheim, 1972, S. 266–275).

Schauen wir weiter zurück entdecken wir weitaus ältere Anknüpfungspunkte hinsichtlich der Thematisierung von Vermittlung durch Anschaulichkeit. Der von Walter Gropius für das Bauhaus konzipierte Vorkurs unterschied sich von traditionellen Akademiekursen seiner Zeit durch die Verquickung von Handwerk und künstlerischem Schaffen. Durch die Aufhebung dieser alten Unterscheidung gelang die Fokussierung auf Gestaltung von Fläche, Form, Farbe und Material in interdisziplinären Ausdrucksformen, wie Malerei, Typografie und Skulptur, losgelöst von Traditionen und Konventionen. Die Vorläufer dieses revolutionären Vorkurses findet man aber schon in der Sinneserziehung Jean-Jacques Rousseaus (1712–1778), des Pädagogen Heinrich Pestalozzi (1746–1827), besonders aber von dem Kindergarten-Begründer Friedrich Fröbel (1782–1852). Von der Grundannahme ausgehend, dass menschliche Fähigkeiten mittels latentem Wissen besser zu erwecken und zu vermitteln seien, verweist der Begriff Kindergarten metaphorisch auf den Lernenden als Saat, die sich selbst zur erwachsenen Pflanze ausformuliert (Lupton, 1994). Ohne jetzt die einzelnen Techniken und Strategien aufzuführen wird deutlich, dass seit der europäischen Aufklärung viele Schritte unternommen wurden, Wissen, basierend auf der Vermittlung visueller Erfahrung, zu thematisieren und pädagogisch auszuformulieren. Der amerikanische Werber Alex Osborn (1888–1966), Mitgründer der Agentur BBDO und der Creative Education Foundation an der Universität Buffalo, gilt als Erfinder des Brainstormings. Damit führt er ein Grundelement des kreativen Denkens ein, welches nach den berühmten Regeln funktioniert, die eigentlich alle Regeln ausschalten sollen. Wenn es denn eine Regel gäbe, dann hieße diese *Lasse alles zu!* Dieser Imperativ klingt fast zu offen, um zu relevanten Lösungen zu führen. Tatsächlich zeigt sich aber in Workshops, dass Teams mittels der Freiheit Dinge zu denken, die absurd, fehlerhaft und unzumutbar erscheinen, zu erstaunlichen Ergebnissen gelangen. Kreativität ist ein Mittel, Neues zuzulassen, in dem man in ersten Schritten mit Quantitäten operiert, um diese dann durch Selektion und Modifikation in Qualität umzuwandeln. Unabhängig von der Vorgehensweise Kreativität als Innovationsmotor in unternehmerische Zielsetzungen einzubauen, ist dieses Arbeitsprinzip ein genuin künstlerisches. Vor allem die Künstler der Moderne, deren Anspruch es war, tradierte künstlerische Sujets und Techniken umzuwandeln, erneuerten die Kunst ab der zweiten Hälfte des 19. Jahrhunderts dadurch, dass sie sich strukturellen Problemen in der Bildfindung zuwandten. Seien diese abstrakt, dynamisch, gestisch, konstruktiv oder absurd – die Ziele waren eindeutig: Erneuerung durch Variation unter dem Risiko des Scheiterns. Scheitern bedeutet hier, die künstlerische Souveränität auch dann noch aufrechtzuerhalten, wenn das Publikum die ästhetische Leistung nicht anerkennt. Damit werden die modernen Künstler zu den Vorbildern für Inhaber von Risiken, die durch die Unwägbarkeiten innovativer Ästhetiken als Angebot für ein mehr oder weniger potentielles Publikum dargeboten werden (Brock, 2002, S.316). Sind die künstlerischen Strömungen bis zum zweiten Weltkrieg noch meist als Ismen oder Stilformen zu erkennen, so kulminieren diese ab Mitte des 20. Jahrhunderts zu pluralistischen individuellen Positionen der Postmoderne. Das Prinzip ist immer das Gleiche: Kreatives Potential führt zu neuen Angeboten für die Öffentlichkeit, die diese entweder zulässt oder ablehnt. Der Erfolg des Künstlertums wird erst dann möglich, wenn der Autor die Möglichkeit des Scheiterns in Kauf nimmt und sein Handeln trotzdem nicht unterbricht.

Dieses Prinzip wurde schnell schon in der ersten Hälfte des 20. Jahrhunderts für ökonomisches und unternehmerisches Wirken entdeckt. Die Protagonisten dieser Bewegungen waren allesamt weder Künstler noch Designer. Ihnen war aber klar, dass nur Kreativität zu neuen, besseren, wirtschaftlicheren oder nachhaltigeren Projekten und Produkten führt. Auch die Behauptung, dass

Kreativität nicht angeboren oder nur von Genies beansprucht werden kann, tat ihr übriges. Jeder kann kreativ werden! Fast schon eine frohe Botschaft, denn die prinzipielle Unmöglichkeit die rationale und die kreative Gehirnhälfte gleichzeitig einzusetzen galt oft als Grundbehauptung. Die Design Methodenbewegung ging nicht von Designern aus, sondern von Psychologen, Lerntheoretikern, Kognitionswissenschaftlern, Ökonomen und Unternehmern. Deren Ansätze und Methoden zogen einen weiten Kreis in zahlreiche gesellschaftliche Bereiche, wie Schulen und Hochschulen, Medizin und öffentliche Planung, aber vor allem Strategie und Innovation im Management, in Organisationen oder in der Produkt- und Serviceinnovation.

Wer hätte vor hundert Jahren gedacht, dass Denkweisen und Haltungen der Avant Garde, die zu radikalsten Bild- und Kunstumwälzungen, wie zur Abstraktion (erstes abstraktes Aquarell von Kandinsky, 1910), zum Konstruktivismus (Schwarzes Quadrat von Malewitsch, 1915) oder zum Ready Made (Fountain von Duchamp, 1917) führten, heute in alltäglichen Bereichen eine Rolle spielen? Welche Bedeutung haben Künstler der Postmoderne, die mit neuen Feldern und Themen ihre Zeitgenossen schockierten? Zum Beispiel Joseph Beuys' soziale Plastik, Licht und Kinetik der Gruppe ZERO, aggressive Tabuverletzung des Wiener Aktionismus oder amerikanischer Minimalismus. Und wenn wir weiter zurückblicken auf Michelangelo, Caravaggio, El Greco oder Goya, welche Strategien können wir bei diesen so gefeierten wie umstrittenen Künstlern ihrer Zeit erkennen? Was können wir aus den Bildern und Situationen historischer Kunst und Kultur entnehmen, um jenseits von platten, infantilen und kommerziellen Bemühungen, die uns seitens der Unterhaltungs- und mittlerweile auch Bildungsindustrie, in oberflächlichen Workshops, recycelten Buch- und Softwareprodukten und Kommunikationsmainstream Alternativen zu bilden?

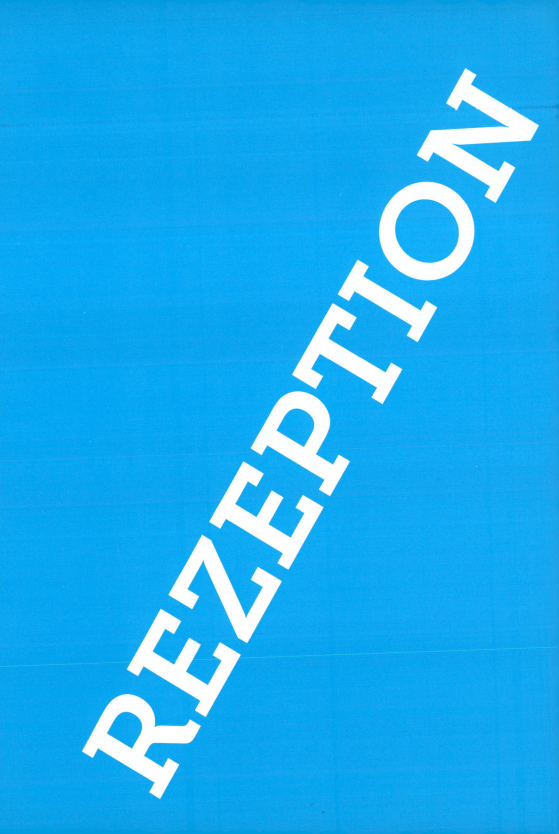

„*Bewusstes Kommunizieren* zwischen Menschen setzt voraus, dass sie das *Unbewusste* miteinander gemein haben."
Pierre Bourdieu

1. Von Schönem und Hässlichem

Eine typische Szene auf der Straße: Eine Person versucht ihrem Gegenüber zu vermitteln, dass sie ein vorbeifahrendes Auto, ein Möbelstück in einem Schaufenster oder der Kleidung einer Dame in der U-Bahn als schön empfindet. *Das sieht aber ästhetisch aus!* lässt die Person schließlich verlauten, was im alltäglichen Sprachgebrauch als positives Geschmacksurteil jederzeit durchgeht. Inwiefern aber die Bezeichnung ästhetisch in unserem Kontext der Bildanalyse eine Rolle spielt, versuchen wir in diesem Kapitel zu darzulegen. Es ist nämlich wichtig den alltäglichen Gebrauch des Begriffes Ästhetik von dem des philosophischen zu unterscheiden. Dem griechischen *aisthesis* entlehnt, bedeutet Ästhetik im geisteswissenschaftlichen Sinne weitaus mehr als die bloße Repräsentation von Schönheit. Seit dem 18. Jahrhundert ist der Begriff vielmehr im Bedeutungszusammenhang mit der menschlichen Wahrnehmung zu verstehen. Der Wahrnehmungsprozess und das menschliche Bewusstsein stehen dabei im Mittelpunkt. Ohne die Wahrnehmung ist die Welt für den Menschen nicht existent und somit können wir die Welt nur beschreiben, wenn wir sie anhand der Bedingungen unserer Wahrnehmung untersuchen (Breidenich, 2010, S. 138).

Damit wird eindeutig, wie zentral eine ästhetische Theorie für den Diskurs über Bilder, Kunst, Design und aber auch in der allgemeinen Kommunikation ist. Eine Theorie der Ästhetik bildet nichts anderes als die Darstellung, inwiefern unsere Wahrnehmung unsere Welt bestimmt und konstituiert. In der mittelalterlichen Auffassung beispielsweise spielt die Individualität menschlicher Eindrücke überhaupt keine Rolle. Die Menschen glaubten an eine göttliche Bestimmung eines *creator mundi*, der vorherbestimmt hatte, was wer wie erreichen oder auch nicht erreichen konnte. Ein vorbestimmtes Schicksal war Programm, die Ausbildung des Persönlichen blieb dabei völlig auf der Strecke. Man war dazu bestimmt, als Herrscher über ein Volk zu bestimmen oder als Bäuerlein seine spärliche Ernte zu erwirtschaften und zu einem Teil an die besser Bemittelten abzugeben.

Eine ausführliche Anmerkung zu Baumgarten und Kant und den Zeitgeist der Aufklärung.
→ S. 53

Das was wir unter individuellen Zielen oder persönlicher Bildung verstehen ist erst eine Errungenschaft der Aufklärung beginnend im 18. Jahrhundert. Maßgeblich die Arbeiten von Immanuel Kant (1724–1804) aber auch von Alexander Gottlieb Baumgarten (1714–1762) haben dazu geführt, dass der Mensch seine Geschmacks- und Vernunftsurteile als erkenntnisstiftende Bedeutungsinstrumente wahrnimmt. Dies war natürlich ein einschneidender Paradigmenwechsel, den man gar nicht genug betonen kann. Fortan fällt es den Herrschenden immer schwerer, einen Legitimitätsanspruch auf ihre priviligierte Rolle zu erhalten. Es ist einfach nicht mehr selbstverständlich zu begründen, warum das gute Leben nur einigen wenigen gehört, wenn man schließlich selbst die Welt erforschen (Naturwissenschaft), verbessern (Medizin und Technik), kategorisieren (Enzyklopädien und Geschichte) und sich selbst durch unabhängiges Handeln befreien kann (Wirtschaft und Märkte). Alles das sind Errungenschaften mit Wurzeln im 18. Jahrhundert, bei dem dessen Protagonisten so vieles konstatierten, was heute noch unsere Gesellschaft und deren Selbstverständnis ausmacht. Den Höhepunkt hatte diese Bewegung in der französischen Revolution, die zwar nicht den Feudalismus ablöste (da musste man noch bis zum Ende des ersten Weltkriegs warten), aber immerhin eine Geisteshaltung schuf, die vor allem in den bildenden Künsten und in der Literatur ein völlig neues Bildverständnis aufkommen ließ. Ein Paradebeispiel ist der Gedanke der Romantik, bei dem die Menschen die Welt aufgrund ihrer Gefühls und ihres persönlichen Urteils sehen und begutachten. Perfekt dargestellt wird diese Person der Romantik in den Rückenfiguren von Caspar David Friedrich. Im

Zentrum dieser Bilderfindung steht nicht ein bestimmter Mensch oder eine bestimmte Landschaft, sondern die Wahrnehmung eines Menschen hinsichtlich einer Landschaft.

Die Bandbreite der individuellen Bildauffassungen wird größer, die Stile heterogener, es treten gleichzeitig unterschiedliche Konzepte auf. Darunter sind traditionelle Darstellungen zur Huldigung eines Herrschers (Jacques-Louis David, Die Krönung in Notre Dame, 1804), apokalyptische Untergangsvisionen (Theodore Géricault, Das Floß der Medusa, 1819), das Schicksal des einfachen Volks (Eugène Delacroix, Die Freiheit führt das Volk, 1830), die Faszination für die neue Technik (William Turner: Rain, Steam and Speed, 1844), das Hadern mit dem klassischen Kunstbetrieb (Gustave Courbet, Das Atelier des Künstlers, 1855) oder aber die einfache Welt der Spießbürger (Carl Spitzweg, Der arme Poet, 1839) – um nur die bekanntesten zu nennen. Alle diese Bilder entstehen in einen Zeitraum von ca. 50 Jahren und zeigen uns das Spektrum der Individualität der Bilderschaffenden. Wenn das ästhetische Urteil maßgeblich auf die Art und Weise, wie wir die Welt wahrnehmen fundiert, dann wird sofort klar, dass Schönheit nur einen bestimmten Fall darstellt. Es ist einleuchtend, dass genauso Hässlichkeit und alle anderen negativen Ausformungen und Verbildlichungen wahrgenommen werden. Somit ist das Schöne ein Teil, alles andere sind aber ebenso Teile unserer Welt und damit auch der Bilderwelt seit dem Beginn des 19. Jahrhunderts. Nicht das vorher keine negativen Dinge, wie die Hölle oder entstellte Gesichter dargestellt wurden, so begannen die Maler, ohne sich auf eine christliche oder religiöse Vorgabe zu stützen, Bildformeln darzustellen, die ihren eigenen Auffassungen der Welt entsprachen.

→ Baumgarten und Kant

Die von Alexander Gottlieb Baumgarten (1714–1762) begründete eigenständige Disziplin der Ästhetik entsteht zwischen 1735 und 1758. Neben der Logik findet die nicht-rationale Erkenntnis Beachtung in der Philosophie. Damit sind die Weichen für Immanuel Kant (1724–1804) und dessen Aussage, dass das menschliche Urteil niemals objektiv sein kann, gestellt. In Aussagen über die Welt schwingen immer individuelle Urteile mit, die von der Person abhängen, die sie trifft. Weder schiere Vernunft noch Individualität sind verantwortlich für die Erkenntnis. Es sind immer beide, die uns führen. Sowohl das immer gleichbleibende Wissen (a priori), zuständig für konstante Bedingungen, als auch das veränderbare Wissen (a posteriori), das auf Gegebenheiten reagiert. Die Beurteilung eines Kunstwerkes kann also nie für alle Menschen gleich ausfallen, da es sich bei diesen nicht um eindeutige formale Logiken handelt, sondern emotional den einen so, den anderen so, berühren.

DRAW IT!

Eigene Eindrücke festhalten, unabhängig von Zwängen, Konventionen und Vorgaben, Dinge denken und entwerfen: So wie die Bildbeispiele aus dem 19. Jahrhundert sich zu unterschiedlichen Stilen ausdifferenzierten und damit die individuelle Wahrnehmung der Künstler als Weltsicht dokumentierten. Dieses bietet mehr Möglichkeiten und Freiheiten, als man gemeinhin denkt. Wenn es darum geht der Gruppe ein Gefühl davon zu vermitteln, inwieweit sie alle das gleiche Bild im Kopf haben, dann eignet sich das Werkzeug *Draw It!* besonders gut.

Die Idee diese Werkzeuges ist es, dass jeder Teilnehmer unbeeinflusst durch die anderen seine Sicht auf das gegebene Thema visualisiert. Es herrschen keine Konventionen und Stile. Es geht darum festzustellen, was sich hinter den jeweiligen Gedankengängen der Teilnehmer verbirgt und aus welchem Blickwinkel sie auf das Thema schauen.

Zunächst ist oft eine gewisse Hemmschwelle zu spüren. Aber das vergeht schnell, wenn der Anfang einmal gemacht ist. Das Briefing durch den Trainer ist hier besonders wichtig. Dabei zielt das Werkzeug auf die Verschiedenheit der Denkmuster. Wenn wir diese Denkmuster nicht im Raum sichtbar machen, laufen wir Gefahr, aneinander vorbei zu reden. Eine Definition des jeweiligen Blickwinkels ist daher in vielen Prozessen entscheidend.

Beispiel aus der Praxis: Das Management eines dänischen Schifffahrtsunternehmen hat auf diese Weise gemerkt, wie sehr sich ihre jeweiligen Sichtweisen auf ihre eigenen Ressorts beschränkten – selbst wenn es oft den Anschein hatte, dass alle über das Gleiche sprechen.

Und so funktioniert es:

1. In der Gruppe wird gemeinsam das gegebene Thema oder betreffende Konzept über das sich Klarheit verschafft werden soll ausgesucht.

2. Jeder Teilnehmer bekommt die Aufgabe in Stillarbeit auf einem Blatt Papier das Thema zu beschreiben – und zwar auf visuelle Art und Weise und mit so wenig Wörtern wie irgend möglich. Dafür hat er 15 Minuten Zeit.

3. Nach Ablauf der Zeit werden alle Ergebnisse an der Wand oder einer Pinnwand aufgehangen.

4. Die Teilnehmer beschreiben jetzt, was sie sehen und was ihnen auffällt. Das ist im Normalfall vor allem die Erkenntnis, dass viele aus unterschiedlichen Richtungen und Deutungshorizonten an das gegebene Thema herangehen. Sehr selten haben alle den gleichen Ansatz. Man wird feststellen können, dass manche sehr rational vorgehen – mit Diagrammen, Flowcharts und Ergebnissen. Andere wiederum werden eher bildhaft arbeiten und visuelle Symbole suchen, um das Thema zu umschreiben. Wieder andere werden Schritt für Schritt gezeichnet haben, was, wann, wie zu tun sein wird oder war.

5. Das Feedback der Gruppe wird gesammelt und zurückgespiegelt, damit sich alle Teilnehmer der Verschiedenheit bewusst sind.

Formulierung für das Briefing

Immer dann, wenn Menschen etwas tun sollen, was nicht innerhalb ihrer Komfortzone liegt, ist es umso wichtiger, behutsam vorzugehen. In diesem Fall ist es die Tätigkeit des Zeichnens, die Widerstände hervorrufen kann. Deshalb wird diese Übung am besten damit eingeführt, dass es zwar darum geht, das Thema zu visualisieren, aber nicht darum Kunst zu erschaffen. Das Zeichnen ist hier nur ein Werkzeug um ein gewisses Ziel zu erreichen. Schönheit ist nicht das Ziel! Es geht um die Erkenntnisse, die die Wahrnehmung als visuelles Feedback ihrer eigenen oder der anderen Zeichnungen herausfiltern kann. Solange der Zweck, nämlich die Beschreibung des Themas, dargelegt wird, hat die Zeichnung ihren Zweck erfüllt.

Zur Vorbereitung

Dauer: 30–45 Minuten
Gruppengröße: Einzelarbeit
Material (pro Teilnehmer):
- 1x DIN A3-Papier
- Permanent-Marker
- 1x Pinnnadeln (oder Klebeband)
- 1x Pinnwand (oder Wand)

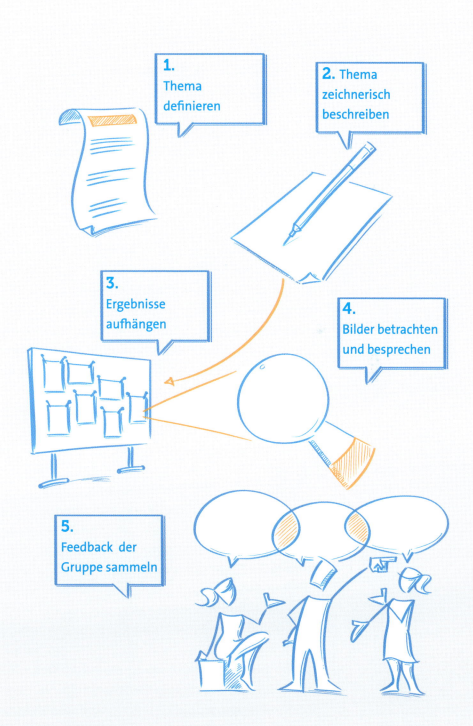

2. Modellkonstruktionen der Kunstgeschichte

Im Mittelalter erscheint die Welt als Buch Gottes, das es zu lesen und mimetisch zu erschließen gilt. Das menschliche Leben steht unter dem Anspruch der *imitatio christi*, aus der die Normen für die Lebensführung und Erziehung hergeleitet werden. Die Möglichkeit, ein langes und glückliches Leben zu haben, lag ausschließlich in den Händen Gottes. Die Gegenwart war somit mehr oder weniger uninteressant. Nach dem Tod kam die Abrechnung und das Eigentliche. Bilder und Motivik referierten ausschließlich auf Glaubensinhalte, wodurch das Individuum und die Persönlichkeit weder als Bildinhalt noch als Bildautor von Belang war. Die Ikonographie war damals insofern von Bedeutung, als Bilder ein Mittel der Indoktrination darstellten, und zwar im ursprünglichen Wortsinn, als Kommunikation religiöser Lehren. Die Bemerkungen Papst Gregors des Großen (ca. 540–604) zu diesem Thema wurden über die Jahrhunderte wieder und wieder zitiert. „In den Kirchen muss es Bilder geben, damit diejenigen, die nicht in Büchern zu lesen verstehen, beim Betrachten der Wände lesen können".

Auch in anderen Religionen tragen Bilder wesentlich zur Erfahrung des Heiligen bei. Sie vermitteln, formen und dokumentieren die verschiedenen Ansichten des Übernatürlichen, wie sie zu verschiedenen Zeiten und in verschiedenen Kulturen bestanden: Ansichten von Göttern und Teufeln, Heiligen und Sündern, Himmeln und Höllen. Neben dem Spirituellen und Sakralen sind beispielsweise folgende Bildtypen als Modelle historisch definiert:

- Die Kunstkammer war ein Modell der Welt, das man sich in einem Raum seines Schlosses aufbaute. Damit wollte man die Idee des Kosmos nachvollziehen, das Universum im Kleinen selbst erkennen können. Das Zeitalter der Kunst- und Wunderkammern ist aber auch das Zeitalter der Universalwissenschaft. Und dieses Bewusstsein einer Universalwissenschaft fand sich in den Kunst- und Wunderkammern, die als Vorläufer unserer heutigen Museen gelten, alle möglichen Sammlungsgegenstände in einem Raum. Die Systematik unserer heutigen Museumskategorien oder eine Einteilung nach historischem Verlauf, war den Barockfürsten fremd.

- Europäische Haremsbilder aus dem 19. Jahrhundert mögen uns nur wenig oder gar nichts über die innere Welt des Islam erzählen, wohl aber sehr viel über die Fantasiewelt der Europäer, die diese Bilder schufen, erwarben oder sich in Ausstellungen oder Büchern ansahen. Ähnlich verhält es sich mit den Veduten. Stadtansichten wurden im 18. Jahrhundert als Beleg für die exakte Wiedergabe eines fremden Raumes geschaffen. Allzu oft wurden sie aber auch geschönt, in dem man wichtige Bauwerke zusammen auf einem Bild darstellte, obwohl diese in natura viel weiter auseinander lagen.

- Der englische Landschaftsgarten bildete einen Erfahrungsraum, der sich aus vielteiligen Elementen zusammensetzte, um dem Besucher den Eindruck zu vermitteln, er beträte eine eigenständige Welt. Die chinesische Pagode, der Wasserfall, die Schlossruine und der antike Tempel waren nur einige Modelle, die als bloße Staffagen und Kulissen an markanten Stellen in die Gartengestaltung eingefügt wurden. Eine scheinbar natürliche Landschaft sollte dem Ideal der romantischen Anschauung wie ein begehbares Gemälde dienen.

FLIPCHART SKETCHES

Die Vielfalt der Modelle erlaubt eine große Freiheit für das Entwerfen und das Erspinnen von Bildwelten in der Praxis. Ganz praktisch gedacht, kann also ein simpler Sketch auf einem Flipchart als Platzhalter für eine große Idee dienen. Sehr schnell und sehr eindringlich werden Ideen sichtbar und begreifbar. Ideen manifestieren sich damit im Raum und werden lebendig. Und noch dazu ist es ein Leichtes sie zu bewerten und auszuwählen. Es geht um nicht weniger und nicht mehr, als eine schnelle, einfache Skizze auf einem großen Blatt Papier festzuhalten.

Beispiel aud der Praxis: Während der Arbeit mit einem großen Konzern, dessen Führungskräfte den nächsten großen Wachstumstreiber (er-)finden wollten, dienten die *Flipchart Sketches* der Fokussierung und zu einer ersten Evaluation. Nach einer angeregten Diskussion in Kleingruppen, wurden zehn *Flipchart Sketches* gut sichtbar als Galerie aufgebaut. Alle Ideen hatten eine prägnante, präzise Skizze. Dadurch war es den Teilnehmern möglich, ihre Vorstellungen in wenigen Sekunden zu erklären, ohne direkt in Prozesse und Umsetzungsschritte einzusteigen. Die Teilnehmer waren „... fasziniert, wie stark verdichtet diese Ideen daherkommen. Nur, weil wir dazu angehalten waren, ein einziges Bild zu finden, das die Idee erklären kann."

Nachdem die besten dieser Ideen in einem so einfachen Auswahlverfahren wie der *Dotmocracy* (Klebepunkte bilden ein Bewertungsschema. Sie werden bei Zustimmung jeweils an den Zeichnungen angebracht, die besonders wirkungsvoll erscheinen) erwählt wurden, konnte die Arbeit an der Vertiefung der Sketches mit voller Kraft starten. Es war für die Teilnehmer ein aufmunternder Start, der viel Energie geschaffen hat.

Und so funktioniert es:

1. Jede Gruppe erhält ein Flipchart und mehrere dicke Marker in verschiedenen Farben.

2. Die Teilnehmer haben 15 Minuten Zeit um die Idee zu entwickeln und auf das Papier zu bringen.

3. Für einen Flipchart Sketch muss ein Titel der Idee oben auf das Papier geschrieben werden.

4. Den meisten Platz (mittig zentriert) nimmt der Sketch ein. Es muss eine Zeichnung sein, die die Vorstellungen der Gruppe symbolisiert. Es dürfen keine Prozesse oder Funktionen dargestellt werden – also zum Beispiel nicht mit Pfeilen gearbeitet werden.

5. Unter dem Sketch dürfen noch zwei kurze, prägnante Schlagwörter zur näheren Beschreibung stehen.

6. Alle *Flipchart Sketches* werden als Galerie aufgestellt. Jede Idee wird innerhalb von 10 Sekunden vorgestellt und die Teilnehmer bewerten im Anschluss ihre Prioritäten durch Klebepunkte (Dotmocracy).

Rezeption

Formulierung für das Briefing

Der Schwerpunkt und Sinn dieser Übung ist es, einen Fokus zu bilden. Es ist wichtig, den Teilnehmern für diesen Prozess die Angst vor dem Zeichnen zu nehmen. Am besten funktioniert das, wenn der Trainer einen *Flipchart Sketch* selbst vormacht (wenn man selbst ein sehr guter Zeichner ist, dann vielleicht absichtlich unordentlich zeichnen). Dieses Beispiel wirkt befreiend und ist hilfreich für alle Teilnehmer. Der Arbeitsauftrag ist damit am schnellsten und effektivsten erklärt.

Die Bewertung ist ein zweiter kritischer Punkt in der Gruppendynamik. Hier herrscht oft die Angst, dass Ideen, die schlecht bewertet werden, verloren gehen. Das ist nicht der Fall. Die Gruppe entscheidet nur, an welchen Ideen sie jetzt weiter arbeiten wollen.

Briefing an die Gruppe: „Es wird in Gruppen von 2–5 Personen gearbeitet. Diskutiert nicht zu lange sondern entscheidet euch zügig für drei Ideen. Nutzt die Zeit um die Ideen kurz zu durchdenken und dann jeweils einen knackigen Titel zu finden.
Je Idee macht ihr ein Blatt (Flipchart Größe ist optimal). Oben soll der Titel erscheinen. Darunter ein Sketch, der die Idee visualisiert – jedoch nicht erklärt! Wir wollen hier keine Prozesse erklären oder zeigen, wie etwas funktioniert. Es geht nur um die große Idee! Benutzt große, breite Marker. Das bewahrt Euch vor Details. Nach 30 Minuten wird jede Idee 15 Sekunden lang gepitcht."

Die Erfahrung hat gezeigt, dass es wichtig ist, als Trainer hier nah an den Gruppen zu bleiben und sie immer wieder aus den Details heraus zu holen. Helfen Sie den Gruppen, in der Adler-Perspektive zu denken und zu bleiben. Die Methode ist nichts für Bodentiere.

Zur Vorbereitung

Dauer: 35 Minuten
Gruppengröße: 2–5 Personen
Material (pro Gruppe):
- 1x Flipchart
- Faserstifte (so dick wie möglich)

Raumbedarf: 2x2 Meter Grundfläche

Achten Sie darauf, dass die Gruppen nicht zu nah an einander stehen. Der Lärmpegel ist während dieser Übung immer recht hoch. Es ist wichtig, dass die Teilnehmer sich noch gut verstehen.

3. Der Verrat der Bilder

Ein zweiter wichtiger Aspekt der Ästhetik geht von der Situation aus, dass wir Bilder immer nur als Abbilder von etwas begreifen können (Kapitel Zeichen). Egal ob Zeichnung, Malerei, Fotografie oder Film – die Dinge, die uns da erscheinen, sind immer Konstrukte, die auf etwas verweisen, keineswegs sind sie aber mit diesem Verweis identisch. Der Verweis eines Abbildes auf eine tatsächliche Gegebenheit vollzieht sich somit immer im Bereich der Modellhaftigkeit. Das bedeutet: Es ist nicht möglich mittels medialer Gestaltbildung, sei es als Bild, Sprache oder Text, eine Identität zu einem realen Referenten zu erreichen. Der Begriff oder das Bild eines *Fahrrades* kann zwar einerseits genau beschrieben werden und erzeugt so keinen Zweifel, worum es sich handelt. Aber andererseits kann ein solches auch genau abgebildet werden, sodass auch Detailinformationen, wie Farbe, Größe und Standort vermittelt werden. Was wir sowohl bei der Beschreibung als auch bei der Abbildung als Nichtidentität bezeichnen ist aber im ersten Fall die Unvollkommenheit aller Details (auch eine noch so genaue Beschreibung lässt Interpretationsspielraum offen). Im zweiten ist es die Abweichung des Abgebildeten vom realen Gegenstand, der sich bei Bildern unterschiedlich äußern kann. Zum Beispiel bei einer Malerei: Das Abbild trägt Spuren des Malens und der individuellen Auffassung des Malers. Oder bei einer Fotografie: Das Abbild zeigt den Gegenstand nur in einer Ansicht und einem selektiven Ausschnitt. Es bleiben in jedem Fall Assoziationen offen. Um so mehr, je nach dem, dass der Gegenstand konkret oder abstrakt ist (z.B. sind Gefühle niemals identisch darstellbar). Dieses Dilemma zeigt ein Bild von René Magritte in vorzüglicher Weise. Ist es jetzt eine Pfeife oder nicht? Es scheint, dass diese Frage jede Generation von Kunst- und Bildwissenschaftler neu diskutieren muss.

Abbildung 3: René Magritte, Der Verrat der Bilder, 1929, Los Angeles County Museum of Art.

Was sehen wir? Eine Pfeife oder anstatt dessen ein Bild einer Pfeife, ... und damit keine Pfeife? Der Maler René Magritte provoziert mit seinen Bildern immer wieder Diskussionen über die Wahrheit des Abgebildeten.

Zusammenfassend kann man behaupten, dass ästhetische Urteile immer aufgrund von Differenzen und nicht hinsichtlich von Identitäten erstellt werden. Die Orientierung in der Welt, anhand von Zeichen, Bildern, Texten und deren Einbindung in unterschiedliche Medien, geschieht also nur, weil der Mensch in der Lage ist, die Modellhaftigkeit von Gestaltungen als verbindliche Anleitung zur Orientierung zuzulassen. Und weiter noch: Modelle funktionieren nur deswegen, weil sie nicht identisch mit dem Gemeinten sind. Wären sie identisch, dann wäre keine mediale Kommunikation über Bilder und Texte möglich. Anders gesagt: Kommunikation wird über Modelle vermittelt, die man auch als Simulationen begreifen kann. Es gibt zahlreiche geisteswissenschaftliche Ansätze, besonders in der französischen Philosophie des 20. Jahrhunderts, die das thematisieren. Dabei stellen Simulationen nichts anderes als einen speziellen Fall von Modellen dar. Gemeinsam ist allen, dass sie immer Abkürzungen auf dem Weg zum identischen Vergleich mit dem, was sie simulieren, anbieten. Von der Macht und der Wirksamkeit von Bildern als Modelle zeugen die heute immer noch virulenten Bilderkriege. Bildzerstörungen oder Gewalt in Folge von unerwünschten Bildern (siehe die Zerstörung von Palmyra durch den IS oder den Anschlag auf die Zeichner des Magazins Charlie Hebdo) verdeutlichen die Kraft der Bilder dadurch, dass sie von denjenigen zerstört werden, die angeblich von der Unwirksamkeit dieser Bilder überzeugt sind.

4. Mit Modellen arbeiten

Die menschliche Kommunikation ist auf Modelle angewiesen. Das birgt zuerst einen immensen Nachteil, wenn man bedenkt, dass dadurch niemals konkrete Aussagen und deckungsgleiche Kommunikation möglich ist. Einfach ausgedrückt: Das, was gesagt wird, ist nicht eindeutig mit dem, was gemeint ist und dem, was rezipiert wird. Um mit Modellen arbeiten zu können, müssen somit Surrogate konstruiert werden, die eine Basis für Erkenntnis beispielsweise in der Wissenschaft bilden. Wie könnten wir sonst Aussagen machen und von diesen Aussagen Wissen und Aktionen ableiten? Die Geschichte der Geisteswissenschaften bietet unterschiedliche Modelle. Allein der Erforschung dieser kulturellen Modelltechniken könnte man viele Bücher widmen. Hier seien nur einige kurz aufgeführt:

- René Descartes: Res extensa und Res cogitans. Der Mensch wird eingeteilt in einen Dualismus des Körperlichen und des Geistigen.

- Topografische und kosmografische Modelle: Informationsgrafiken, utopische Orte, Darstellungen visueller Art von Körpern, Karten, Räumen, Geographien, Sternenhimmel.

- Ludwig Wittgenstein: „Die Grenzen meiner Sprache bedeutet die Grenzen meiner Welt". Linguistische Modelle: Sprache als Grundvoraussetzung die Welt zu verstehen und wiederzugeben.

- Evolutionäre Modelle: Grundprinzipien der Entwicklung von Leben und Erfahrung anhand von Schritten von Verwerfung und Optimierung.

- Bildgebende Wissenschaften: Bildkonstruktionen übermitteln Bedeutung für Expertisen in unterschiedlichsten Metiers: Röntgen- und Kernspinbilder in der Medizin, Radarbilder in der Nautik und dem Flugverkehr, Sichtbarmachung von nicht sichtbaren Spektralbereichen in der Physik, etc.

- Perspektivischer Raum: Die Theorie der Perspektive, niedergeschrieben 1436 von Leon Battista Alberti ermöglichte erstmalig die Konstruktion von dreidimensionalen Räumen auf einer zweidimensionalen Fläche.

Die Charakteristik vieler Modellhaftigkeiten im Alltag, in der Geschichte und in den Wissenschaften ist vielschichtig und unscharf. Ein Modell kann etwas sein, das man bewundert oder dem man nacheifert, ein Muster, ein pauschaler Fall, ein Typ, ein Prototyp, ein Orientierungssystem, in Originalgröße oder extrem skaliert, eine mathematische oder eine sprachliche Beschreibung – nahezu alles – auch ein Begriff. Die kulturelle Selbstreproduk-

Abbildung 4: London Metroplan
Abbildung 5: Gerhard Mercator, Himmelsglobus, 1551, Kultur- und Stadthistorisches Museum Duisburg.

Der U-Bahnplan und der Sternenhimmel – Informationsgrafiken, Benutzeroberflächen und Orientierungsmodelle. 1931 zeichnete Harry Beck die Linien der Londoner U-Bahn ohne auf den tatsächlichen Verlauf und die Haltestellenabstände einzugehen. Er schuf damit ein bis heute gültiges Modell eines komplexen Informationszusammenhangs, der die Differenz zwischen Gegebenem und dem Gehalt der für die Orientierung von Nöten ist, deutlich unterscheidet. Der Sternenhimmel von Gerhard Mercator aus dem 16. Jahrhundert veranschaulicht eine Ordnung in einem offensichtlich chaotischen System des Nachthimmels. Das Zusammenziehen von Sternen zu Figuren erleichtert die Orientierung.

tion von Gesellschaften beruht auf Wirklichkeitskonstruktionen, deren Beobachtungs- und Unterscheidungssemantiken Realität überhaupt erst sozial wahrnehmbar und kommunizierbar machen. Sie prägen nicht nur das Bild der Gesellschaft von sich selbst und der Welt sowie das für wahr gehaltene Wissen hierüber in wissenschaftlichen und nichtwissenschaftlichen Diskursen, sondern regeln darüber hinaus die semiotisch-ästhetischen (ikonischen, sprachlichen, rhetorischen, narrativen usw.) und technischen (multimedialen usw.) Mittel der Speicherung und Verbreitung solchen Wissens – sei es wissenschaftlich produziert oder Alltagswissen, seien es Wert- und Normvorstellungen oder auch nur latente Deutungsmuster der Welt. Auf welcher Ebene solche Weltentwürfe auch immer angesiedelt sind, sie wirken sich potenziell auf die Standards des sozialen Verhaltens und Handelns ebenso aus, wie auf langfristige Einstellungen und Mentalitäten.

Überall dort, wo heute mit medialen Bildern gearbeitet wird, kann das Wissen über die Modelle in der Geschichte der Bilder helfen, exemplarische Lösungsansätze für Orientierung und Information in unserer Bild dominierten Gesellschaft zu konzipieren. Orientierungssysteme und Informationsgrafiken, generative Gestaltungen aus komplexen Datenquellen und Zeichengestaltung, Präsentationen, Anleitung zu Nutzung und Handhabung von Software und neuen Geräten und visuelle Kommunikation in Unternehmen und Institutionen, stellen die Anforderungen im weiten Feld von Mediennutzung und -kommunikation nur unvollständig dar. Es gibt kaum noch Bereiche des alltäglichen privaten, öffentlichen oder Berufslebens, die von Bildkommunikation befreit sind. Internetplattformen verlangen nach der Bebilderung des eigenen Profils, was im Sinne von Glaubwürdigkeit und Vertrauen eine entscheidende Rolle spielt. Die Selbstvermarktung beim heutigen projektbezogenem Arbeiten, fern ab von einer jahrzehntelangen Festeinstellung, muss mit aussagekräftigen

Bildern individuelle Fähigkeiten transportieren. Der Anstieg und die Differenzierung von immer neu konfigurierten Tätigkeiten in den sozialen und digitalen Medien formiert eine schier unübersichtliche Kreativwirtschaft.

Bildinhalte sind Modelle der Orientierung und geben die Möglichkeit zwischen Bedeutungszusammenhängen zu selektieren. Trotz bilddominanter Medien führt die Thematisierung von visueller Medienkompetenz immer noch ein Schattendasein. Einer der den Brückenschlag zwischen den rationalen Wissenschaften und visueller Kommunikation seit den 60er Jahren vehement thematisiert ist der amerikanische Statistiker Edward Tufte. Information kann nur dann zu einer wirksamen Unterscheidung von Handlungen oder Erfahrungen führen, wenn gewährleistet ist, dass die Gestaltungselemente auf ein Minimum reduziert sind. Alles, was nicht direkt für den Erkenntnisgewinn dienlich ist, muss unbedingt aus einer Gestaltung entfernt werden. Kommunikation mit Modellen ist also immer eine Visualisierung von Information, die ein spezifisches Ziel erreichen will. Die Kritik von Tufte an Microsoft Power Point (Tufte, 2006) zeigt, dass unsere alltägliche Beschäftigung mit Bild- und Schriftkommunikation von einigen wenigen Techniken und damit Erfahrungen dominiert werden, die keineswegs die besten sind. Zwar sind heutige Software, Webplattformen oder Social Media Anwendungen meistens selbsterklärend, was jedoch nur einen passiven Anwender zufrieden stellen kann. Will man aber aktiv und überzeugend kommunizieren, so muss eine erweiterte Bildkompetenz trainiert und angewendet werden. Nicht selten entscheidet beispielsweise ein guter Video Clip oder ein spektakuläres Profil über den Erfolg von Crowdfunding. Die Distanz zwischen dem Inhalt und der Erkenntnis beim Adressaten kann durch die Wahl und die Ausformulierung eines visuellen Modells entscheidend sein.

„Das Gegenteil von schlecht muss nicht gut sein –
es kann noch schlechter sein."
Paul Watzlawick

1. Was machen die Bilder im Museum?

Geht man durch das Kölner Schnütgen Museum oder das Museum Villa Stuck in München kann man nur dann beeindruckt sein, wenn man bedenkt, dass unser gesamtes historisches Wissen in den Artefakten und den Umgebungen von Bildern und Büchern steckt. Bei den beiden genannten Museen handelt es sich nicht nur um Sammlungsstätten, sondern um authentische historische Architekturen aus dem Mittelalter und dem ausgehenden 19. Jahrhundert. Neben den Museen, die seit dem 18. Jahrhundert ihrer Aufgabe gerecht werden, Kunstwerke außerhalb ihres historischen Kontextes zu sammeln, auszustellen und zu erforschen wird die Wirkung von Bildern in vollständig erhaltenen Kunstorten besonders augenfällig, da dort die Bilder in einen historischen Kontext eingebunden sind.

Museen versuchen ein neues Publikum – vor allem auch junge Leute und medial interessierte – über attraktive Ausstellungen wie PIXAR – 25 Years of Animation und Anime! High Art – Pop Culture (Kunst- und Ausstellungshalle der Bundesrepublik, Bonn, 2012 und 2011), und Tattoo (Museum für Kunst und Gewerbe, Hamburg, 2015) anzulocken.

Unsere heutige Medien- und Kommunikationswelt scheint die Eigenschaft zu haben, eine sehr gegenwärtige und zukunftsweisende Konsistenz aufzuweisen. Man schaut immer nach vorne, wartet auf das neueste Kommunikationsgerät, intelligentere Software, kleinere und schnellere Prozessoren und auf mediale Hybride, die erneut Inhalt und Sinn verpacken und darbieten. Fernsehen verschiebt sich in den tragbaren Computer, Telefone machen Fotos, Small-Talk verlagert sich in Facebook und der Schuh misst den Blutdruck. Da ist nicht viel mit Interesse an Vergangenem und Gestrigem. Historische Fächer und Themen in schulischer oder universitärer Ausbildung existieren nur entweder als kleines Nebenfach oder sind überhaupt nicht vorhanden, wenn man nicht explizit historische Wissenschaften studiert. Rubens und El Greco Ausstellungen sind zwar sehr erfolgreich, haben es mit einem jungen Publikum immer noch schwer. Bemühungen in Richtung eines Smart Museums gehen bereits eigene Wege. Das Potential ist da. Die Öffentlichkeit muss aber erst ver-

Abbildung 6: Museum Schnütgen, Köln, St. Cäcilien, 12. Jhd., Innenraum.

In der über tausendjährigen romanischen Cäcilienkirche ist das Kölner Schnütgen Museum beherbergt. In diesem historischen Raum werden mittelalterliche Kunstwerke, wie Skulpturen und Glasfenster authentisch präsentiert.

Abbildung 7: Musikraum der Villa Stuck, 1897–1898, Museum Villa Stuck, München.

Franz von Stuck hat seine Villa im Jahre 1898 als Wohn- und Arbeitshaus bauen lassen. Heute bietet dieses Ensemble mit seiner „modernen" Ausstattung für die Besucher einen Einblick in den Geist eines Gesamtkunstwerks der Jahrhundertwende.

stehen, dass museale Sammlungen Spezialisten für Bilder sind, und die Museen müssen verstehen, dass die Vermittlung nicht mehr in den gleichen Bahnen verlaufen kann, wie bisher.

Wirkung

BILDER GALERIE

Das Prinzip, Bilder so zu arrangieren, dass man sie wie im Museum als geordnete, aufeinander abgestimmte ästhetische Bedeutungsträger wahrnimmt, macht sich die _Bilder Galerie_ zu Nutzen. Diese Methode kann man ergänzend zu vielen anderen Übungen immer wieder einbauen. Die _Bilder Galerie_ ist immer dann besonders bedeutsam, wenn in Kleingruppen Ergebnisse erarbeitet wurden und diese dem gesamten Teilnehmerkreis vorgestellt werden sollen.

Alle Teams präsentieren an der Wand oder an Pinnwänden ihre Ergebnisse. Alle Teilnehmer bleiben in Bewegung. Das hält das Denken frisch und fördert die Erinnerungsfähigkeit der Teilnehmer in Bezug auf die vorgestellten Konzepte.

Darüber hinaus wird die Vergleichbarkeit der Ergebnisse und die Herstellung von Verbindungen, Dissonanzen und Parallelen zwischen einzelnen Ergebnissen nicht nur möglich, sondern auch gefördert. Und außerdem tut es einfach gut, wenn sich die Kollegen im Halbkreis interessiert dem eigenen Ergebnis zuwenden!

Und so funktioniert es:

1. Die *Bilder Galerie* kann auf zwei Arten gemacht werden. A) An den Arbeitsstationen selbst. B) an einer Wand oder einer Reihe Pinnwände.

2. *Sowohl als auch* lautet das Prinzip, bei dem alle Teilnehmer als Gruppe von Ergebnis zu Ergebnis gehen und sich das Konzept oder die Idee von einem Teilnehmer aus dem Urheberteam erläutern lassen.

3. Pro Präsentation sollte, ungeachtet der vorausgehenden Methode, nicht mehr als 3 Minuten gebraucht werden.

4. Es hat sich als Feedbackschleife bewährt, zunächst zwei Minuten negative Anmerkungen zu machen und dann drei Minuten ausschließlich positives Feedback zu geben.

Zur Vorbereitung

Dauer: 5 Minuten pro Gruppe
Gruppengröße: Alle zusammen
Material:
- Ergebnisse an der Wand

2. Die Hinterbühne der Kommunikation

In Medienberufen, im Design, Management oder Publizistik geht es schließlich um Kommunikation von visuellen und/oder sprachlichen Inhalten. Neue Medien greifen immer wieder die Funktionsweise von alten Medien auf: Das Fernsehen erweitert das Kino, der Computer die Post oder die Schreibmaschine usw. Marshall McLuhan beschreibt Medien als Prothesen des Menschen, die die einfachen Funktionen der Fortbewegung oder der Wahrnehmung fortsetzen und verbessern (McLuhan, 2005). Die Inhalte bleiben dabei die gleichen. Propaganda, öffentliche Darstellung, visuelles Selbstverständnis oder Erzählungen von Geschichten sind heute, wie auch in vergangenen Zeiten das Ziel der visuellen Kommunikation, sei es für die Kirche, die Fürsten, das Bürgertum oder die Individuen. Bilder-Giganten wie Disney wissen das und kreieren ihre Bildwelten mit dem Rückgriff auf die Kompetenz von historischen Bildern: „Als Walt Disney 1935 eine Reise nach Europa unternahm, erwarb er hier über 350 illustrierte Bücher, neben Märchenbänden auch Klassiker der Literatur- und Kunstgeschichte. Diese Bibliothek wurde zu einem wichtigen Grundpfeiler seines Studios: Künstler wie Albrecht Dürer, Pieter Breughel, Giovanni Piranesi, Honoré Daumier, Gustave Doré, Gustave Moreau, Victor Hugo, Arnold Böcklin, Franz von Stuck, Moritz von Schwind, Caspar David Friedrich und John Atkinson Grimshaw können anhand dieser Bibliothek als konkrete Inspirationsquellen für seine Zeichner nachgewiesen werden."*

* Zitiert nach: http:/www.kunsthalle-muc.de/ausstellungen/details/walt-disneys-wunderbare-welt/ eingesehen am: 8.4.2016.

Seit der Höhlenmalerei, seit ca. 35.000 Jahren also, erfüllen Bilder einen Modellcharakter zur Orientierung in der Welt. Die Modelle fungieren als Verkürzungen und Vereinfachungen für alltägliche und komplexe Zusammenhänge. Beispiele dafür sind Verkehrszeichen oder Firmenlogos, aber auch Typografie, Infografiken,

Pressefotos, Landkarten, Werbekampagnen oder Internetbrowser. Die zentrale Frage lautet: Welchen Erfahrungsschatz bieten historische Bildkonzepte für unsere heutige visuelle Kommunikation? Wenn nicht in der Historie, woran denn sonst sollten wir uns orientieren, wenn wir erfolgreich mit oder in den Medien arbeiten wollen? Der rückwärtsgewandte Blick bringt uns in die Zukunft, denn nur so ist lernen und erfahren möglich. Sich alleine auf die technischen Errungenschaften, neue Looks, Dekorationen und Stile von oberflächlichen Attraktivitäten zu stützen und blind zu nutzen, führt nicht zum Ziel effizienter Kommunikation, sondern in die Sackgasse der Bedeutungslosigkeit.

Abbildung 8 links: Uta von Naumburg, Sandstein, 1240–1250, Naumburger Dom.

Abbildung 9 rechts: Walt Disney Schneewittchen.

Ein augenfälliges Beispiel für einen Bildtypus, der sich fast 800 Jahre etabliert hat. Walt Disney´s Schneewittchen (1937) ist dem gotischen Bildwerk der Uta von Naumburg aus dem 13. Jahrhundert nachempfunden.

STÖBERN

Eines der weltweit erfolgreichsten Unternehmen macht es uns vor: Wie beschrieben nutzt Walt Disney offenkundig Bilder aus der Kunst- und Kulturgeschichte, um Archetypen in der Jetzt-Zeit zu entwickeln. Diese Methode ist eine Alternative zu der klassischen Persona-Übung aus dem *Design Thinking* und der *Romanischen Persona* in Kapitel Zeichen. Beim *Stöbern* liegt der Fokus auf charakterlichen Eigenschaften, bei der *Romanischen Persona* mehr auf deren Attribute und Erscheinungsbild. Eine Idee mit Hilfe eines zugänglichen, am besten alt bewährten Charakters vorzustellen, ist nicht nur hilfreich, es kann mitunter auch das eigene Team beflügeln. Inspiration gibt es überall, aber ganz besonders viel von diesem Stoff haben Charaktere zu bieten, die eine Angriffsfläche für Ideen bieten.

Die Einbeziehung allgemein mehr oder weniger bekannter Figuren aus der Kultur- und Kunstgeschichte hilft dabei, eine Beliebigkeit in Grenzen zu halten. Figuren, die schon ihre eigene Geschichte mitbringen, erleichtern es ungemein, die gewünschten Attribute zu beschreiben und zu definieren.

Wann setze ich diese Methode am besten ein? Wenn man bei der Weiterentwicklung einer Idee oder eines Konzeptes merkt, dass die Substanz fehlt, der Tiefgang, das Konzept zu theoretisch und schwer vermittelbar erscheint, dann ist *Stöbern* eine wunderbare Methode, um diese Mauer, den sogenannten *Roadblock* auf dem Weg zum Ziel zu überwinden.

Und so funktioniert es:

1. Als Erstes brauchen wir die Quellen der Inspiration. Zu diesem Zweck können Bücher mit historischen Abbildungen hinzugezogen werden. Plastiken, Skulpturen aber auch Malerei eignen sich besonders gut, ebenso wie Bilder der alten Meister.

2. Es werden Kopien der Abbildungen gemacht, die zu Rate gezogen wurden oder man druckt unsere Vorschläge aus, die auf der Website zur Verfügung stehen. Es ist hilfreich, wenn das Set mehrfach vorhanden ist, falls mehrere Gruppen ein und dieselbe Quelle zur Inspiration nutzen möchten.

3. Die Charaktere samt ihrer Geschichten werden zur Auswahl auf einem Tisch verteilt.

4. Mit den ausgesuchten Charakteren gehen die Gruppen in Klausur, hängen die Bilder an die Wand und fangen an, ihren persönlichen Charakter daraus zu synthetisieren. Sie sammeln per Klebezettel Eigenschaften, Aussehen und Stellen aus der Geschichte der Charaktere, die gut zu ihrem Konzept passen.

5. Nach der Sortierung und wenn sich die Gruppe auf ihren Charakter geeinigt hat, wird das Template ausgefüllt. Es enthält Platz für ein Bild, für die Hintergrundgeschichte, die spezifischen äußerlichen Merkmale und ein Feld für die emotionale Beschreibung samt aller Ecken und Kanten, die der Charakter hat.

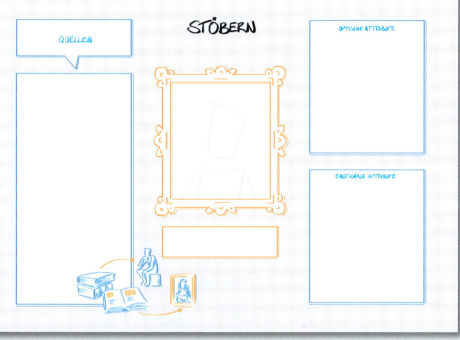

Template Stöbern
Als Download auf: www.creating-innovation.com

6. Der Charakter wird der Gesamtgruppe kurz vorgestellt. Nach der Vorstellungsrunde ist es jeder Gruppe selbst überlassen, noch ein Änderungen und Modifikationen vorzunehmen.

7. Der Charakter wird gut sichtbar im Arbeitsbereich der Gruppe aufgehängt. Er oder sie dient immer dann als Orientierungspunkt, wenn wir uns nicht sicher sind, ob eine Idee oder ein Vorschlag zum eigenen Konzept passt. Die Teilnehmer stellen sich dann die Frage: *Lieber Charakter, was hältst Du von dieser Idee?* Durch die Augen ihres Charakters gesehen, fällt es der Gruppe leichter, Pro und Contra im weiteren Verlauf der kreativen Arbeit zu beurteilen.

Formulierung für das Briefing

Diese Übung dient vielerlei Zwecken. Zunächst geht es darum, der Idee, dem Konzept ein Gesicht zu geben. Es geht nicht darum, wie in einer klassischen Persona-Arbeit, einen prototypischen Kunden zu entwickeln. Vielmehr geht es um die Repräsentation der Idee in Form eines spannenden Charakters. Wir sprechen also von einer Idee für einen neues Service, ein neues Produkt, ein neues Geschäftsmodell oder Ähnliches. Die Visualität und Personifizierung durch eine historische oder fiktive Person vereinfacht und veranschaulicht den Weg der Weiterentwicklung der Ideen.

Zur Vorbereitung

Dauer: 60–120 Minuten
Gruppengröße: Je nach Größe alle zusammen (max. 5) oder in Gruppen zu 3–5.
Material (pro Gruppe):
- Template *Stöbern*
- Reichlich Klebezettel
- Permanent-Marker und Bleistifte

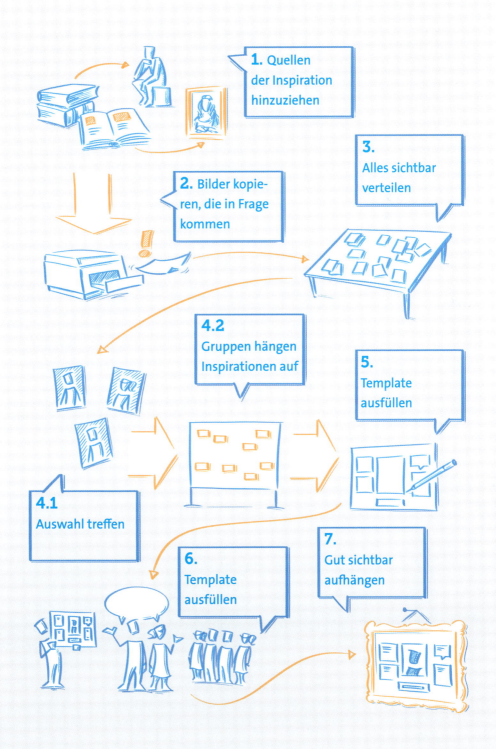

3. Gestalten auf Teufel komm raus

Seit circa 20 Jahren ist das Arbeiten mit Publikationssoftware in allen Bereichen des Arbeitslebens eine Selbstverständlichkeit. Dabei werden die Bedingungen immer komplexer: Die Software kann quantitativ mehr und übernimmt immer weitere Funktionen automatisch. Nehmen wir zum Beispiel ein Programm zum Erstellen von Printprodukten, wie Briefen oder anderen Drucksachen. Das Programm kann mittlerweile die erstellten Daten ebenso für das Internet oder für mobile Geräte exportieren. Die Grenzen der Produktionen werden unscharf, der Benutzer verfügt über eine Palette von Möglichkeiten, derer er sich meistens nicht bewusst ist und die er oft nicht kennt. Schauen wir zwanzig Jahre zurück, dann begegnet uns ein völlig anderes Produktionsumfeld. Im Zeitalter der analogen Erstellung von visueller Kommunikation gaben die Werkzeuge keinerlei Hinweis oder inhaltliche Vorwegnahme des Endproduktes. Eine Schere und ein Papierbogen können immer das Gleiche. Das Herstellen von Kommunikationsprodukten, wie Plakaten, Präsentationen oder Beschilderungen lag in den Händen von Profis. Die Arbeitswelt heute bedient jeden, der die Ambitionen oder die Aufträge hat, einen digitialen Werkzeugkasten anzuwenden, ohne auch nur einen Deut von Gestaltungsgrundlagen, Wahrnehmung oder Bild- und Zeichenwirkung zu kennen. Es ist eine gigantische Kluft zwischen den Kompetenzen Technik zu beherrschen einerseits und andererseits zu wissen, welche Gestaltung zu welchen Funktionen führt. Die Inflation der technischen Möglichkeiten produziert in einem hohen Grade inhaltliche Bedeutungslosigkeit und im schlimmsten Falle Desorientierung. Aus einer Fülle von Beispielen, aus dem Arbeitsleben oder aus der Freizeit, sei hier auf die Ausführungen von Edward Tufte über die Möglichkeiten und Schwierigkeiten von PowerPoint hingewiesen. Stilvorlagen und vorgefertigte Gestaltungselemente einer solch populären Publikationssoftware führen immer wieder zu den gleichen problematischen Ergebnissen: Überfrachtung mit dekorativen Stilelementen, Maximierung von Farben, Schriftarten und -größen. Warum neigen Anwender dazu, ein Maximum an Elementen und Möglichkeiten einer Software anzuwenden? Die Antwort fällt leicht: Mittlerweile ist die Erfahrung von Anwendern und die Anwenderfreundlichkeit von interaktiver Software in hohem Maße intuitiv verständlich und damit leicht ausführbar. Betrachten wir die Problematik von der Seite des Anwenders, dann kann man heutiger Software eine hohe Effizienz zuschreiben. Versucht man aber das Ergebnis auf die Verstehbarkeit gegenüber dem Rezipienten zu bewerten, tritt das genaue Gegenteil ein. Dieser ist nämlich überfordert und desorientiert. „PowerPoint is presenter-oriented, not content-oriented, not audience-oriented. PP advertising is not about content quality, but rather presenter therapy. (...) PP probably doesn`t cause much damage to really first-rate presenters, say the top 10%, who have strong content, self-awareness, and their own analytical style that avoids or neutralizes the PP style. This leaves 80%, workaday presenters for whom the PP style may cause trouble, especially for those seeking to present evidence and serious analysis." (Tufte, 2006, S. 4)

Aber auch im alltäglichen Leben, in dem die Gestaltung bei einer Facebookseite oder einer Einladungskarte anfängt und bei den Gesprächen mit einem Architekten zur Planung des Eigenheims weitergeht, spielt die *Selbstgestaltung* eine große Rolle. In vermeidlich freien und individualisierten Gesellschaften, sollte jeder dafür Sorge tragen, wie sein Umfeld und seine Kommunikation mit anderen gestaltet ist. Einige Ansätze um den Begriff *Vernacular Design* führen bereits einen Diskurs über das *Do-It-Yourself (DIY)* in vielen Bereichen.

PAPER POINT

Gestaltung und Kreativität nimmt die digitale Gesellschaft in die Pflicht. Wer Veränderung oder Innovation schaffen will – seien diese für die persönliche oder berufliche Zukunft – der muss sich mit visuellem Denken auseinandersetzen. Die Werkzeuge, digitaler und analoger Art, sind vielfältig, aber leider nicht immer geeignet. Die Vorgaben und Möglichkeiten der Auswahl spezifischer Formen, Farben und Bilder in digitalen Gestaltungswerkzeugen beschränken demnach unsere Fähigkeit des freien Denkens. Und gerade in Situationen, in denen es auf Innovationen, Ideen und neue Konzepte ankommt, ist diese Art von Beschränkung eine Gefahr für den Erfolg des Projektes.

Paper Point wirkt dabei gleichzeitig in zwei Richtungen. Erstens auf den Präsentierenden, zweitens auf den Zuhörer. Die Reduktion, egal um welches Thema es geht, auf zehn Folien hilft, sich auf das Wesentliche des Konzeptes zu konzentrieren. Überflüssige Details müssen zwangsläufig beiseite gelassen werden. Darüber hinaus bietet auch die Vorgabe, so weit es geht auf Schrift zu verzichten, eine Herausforderung. Immer wieder wird sich die Frage gestellt: *Haben wir es jetzt auf den Punkt exakt genau gestaltet? Werden die anderen den Kern der Idee verstehen? Wie können wir es noch besser verständlich, noch einfacher gestalten?* Diese Fragen bilden einen hohen Wert, wenn es darum geht, Ideen und Konzepte zu schärfen. Die zweite Richtung weist auf die Zuhörer. Sie sind konzentriert bei der Sache, lassen sich einfacher in die Geschichte einbeziehen und fangen an, ernsthaft mitzudenken. Oft erleben wir, dass sowohl der Präsentierende als auch die Zuhörer die vorgestellte Idee als ihre eigene Idee ansehen. Eine intensive Identifikation mit der Idee kommt zu Stande. Diese Methode ist besonders dann effektiv, wenn die Ideen und Konzepte schon einen gewissen Reifegrad erreicht haben. Wenn sie bereit sind, das Licht der Welt als ersten, sehr einfachen Prototypen in Form einer Präsentation zu erblicken.

Und so funktioniert es:

Diese Arbeit kann in Gruppen oder als Einzelarbeit erledigt werden. Wie so oft, bevorzugen wir die Gruppenarbeit als kommunikatives Element.

1. Mit 10 Blättern Papier, einem schwarzen Marker und einem Bleistift ausgestattet, beginnt zunächst der Prozess des Sortierens. Dabei machen sich die Teilnehmer skizzenhaft Notizen, vielleicht auch mit Klebezetteln an der Wand, eine Vorstellung davon, was sie gerne in welcher Reihenfolge präsentieren möchten.

2. Danach erstellen die Teilnehmer ihre Folien (Paper) in Form jeweils eines Blattes. Dabei ist es wichtig zu beachten, dass eine simple Struktur vorgegeben ist und eingehalten wird. Das hilft bei der Konzentration auf das Wesentliche. Links oben der Titel der Folie (schön groß!), rechts unten die Folienziffer (schön klein!) und der Rest der Fläche wird für den Inhalt verwendet (gerne Zeichnungen, die sehr simpel gehalten sind (siehe Werkzeug *Flipchart Sketches*).

3. Wenn die Folien fertig sind, verfeinern die Teilnehmer noch einmal den Ablauf der Präsentation. *Wann kommen die Pointen? Wie baut sich die Geschichte auf? Welcher ist der eine Gedanke, der hängen bleiben muss?*

4. In der Gruppe präsentieren die Teilnehmer ihr Ergebnis. Dabei können sie sich helfen lassen, so dass es einen Präsentierenden gibt und einen Folienwechsler. Das hilft dabei, die Arme für Gesten und Körpersprache frei zu haben.

5. Im Anschluss an jede Präsentation bietet sich ein schnelles Feedback an. Eine Minute negatives Feedback mit dem *Black Hat* und danach zwei Minuten positives Feedback mit dem *Yellow Hat*. Das sorgt für kurzlebiges, lebendiges und aufrichtiges Feedback für die Teilnehmer.

Formulierung für das Briefing

In unseren Präsentationen lassen wir uns immer wieder durch die vorgegebenen Strukturen von Präsentationssoftware in unserer Kreativität einschränken. *Paper Point* hilft uns, freier zu denken und Präsentationen zu erschaffen, die präzise und kreativ sind, während sie umso besser die wichtigsten zentralen Punkte eines Konzeptes transportieren.

Es geht bei diesem Werkzeug nicht nur darum, ein Konzept überzeugend und in kurzer Zeit präsentieren zu können. Während der Arbeit an der Paper Point Präsentation wird das Konzept oder die Idee selbst verfeinert und abgeändert.

Zur Vorbereitung

Dauer: 60 Minuten

Gruppengröße: Je nach Situation Einzelarbeit oder Gruppenarbeit (max. 3–4 Teilnehmer pro Gruppe)

Material (pro Gruppe):
- 30x Blätter DIN A4
- Klebezettel
- Permanent-Marker
- Optional Pinnwand + Pins oder Wand + Klebefilm

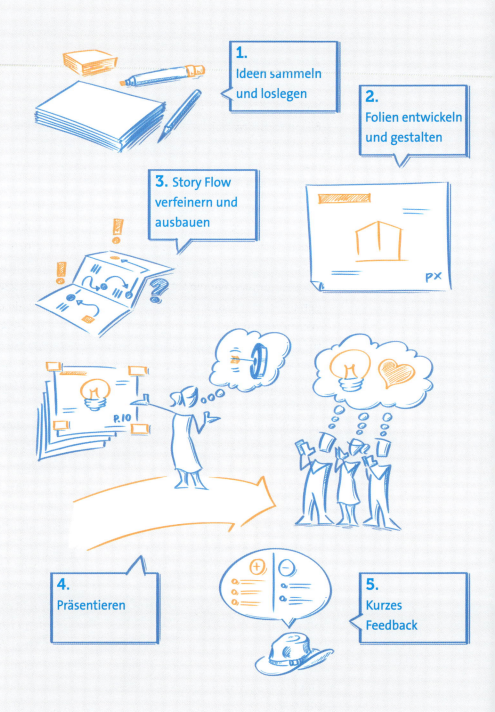

4. Deutung und Bedeutung

Welche Mittel wurden in Anspruch genommen, historische Bildkonzepte aufzuarbeiten und zusammenzufassen? Welche Motivationen gehen dem voraus und zu welchen Ergebnissen ist man gekommen? Das hier zu diskutieren und aufzuführen ist nur in Ansätzen darzustellen. Nehmen wir ein Beispiel: Meistens vergisst man, dass sich die Gesellschaft vor 150 Jahren einer ähnlich brisanten medialen Wende ausgesetzt sah, wie wir mit unseren vernetzten interaktiven Medien. Genau dort könnte man ansetzen: Wenn wir die Vergangenheit als eine ehemalige Zukunft betrachten, können wir die Erfahrung vergangener Unterscheidungen und Bedeutungen für unser gegenwärtiges Handeln nutzen. Wer sich nicht die Methode aneignet, Geschichte als Werkzeug für die Einschätzung seiner Umgebung und deren Dynamik zu nutzen, hat nur die Möglichkeit, aufgrund von persönlichen Vorlieben oder Modeströmungen zu agieren. Bazon Brock formuliert diese Methode als pompejanischen Blick – also als ein Einfrieren eines historischen Geschehnisses als Augenblickaufnahme, wie die vom Vulkanausbruch konservierte Gemeinde von Pompeji (Brock, 1977). Einen solchen historischen Trick anzuwenden ist immer dann schlau, wenn man sich vorstellen kann, dass unser Dasein und damit unsere Kommunikation nicht einmalig oder einzigartig ist. Dass unsere Probleme, wie gesellschaftliche Dissonanzen oder Konsistenzen, nachhaltige Lebensführung, tolerante Transzendenzen und Religionspraktiken oder Erhaltung und Erhöhung von Markt- und Machtpotentialen nicht unsere, sondern allgemein menschliche Probleme sind. Die Bedeutung liegt also nicht in den Dingen, sondern sie kommt erst dann zustande, wenn wir erlernt haben, Dinge unterscheiden zu können (Brock 1986, S. 147). Auch wenn es sich banal anhört: Die relativ einfache Tatsache, Unterscheidungen treffen zu können, befähigt uns, Bedeutungen zu verifizieren und uns dabei im Leben zu orientie-

Abbildung 10: Matthias Grünewald, Die Auferstehung Christi, 1506–1515, Museum Unterlinden, Colmar.

ren. Im Zentrum der Thematik steht also der Mensch. Der Mensch und dessen Bedingungen der Wahrnehmung: Was bedeutet ein Bild eines Menschen mit Flügeln? Inwiefern unterscheidet sich dieses Bild von einem anderen Bild eines Menschen ohne Flügel? Welche Bedeutung hat ein Bild eines Menschen mit Flügeln von vor 1000 Jahren, vor 500 Jahren oder vor 150 Jahren? Und welche heute? Wie können wir diese Bedeutung assimilieren und für zukünftige Kommunikation nutzen? Oder wenden wir uns einem Beispiel von Erwin Panofsky zu, das er in den Aufsätzen zu Grundfragen der Kunstwissenschaft 1964 publiziert.

Hier geht es um den berühmten schwebenden Christus des Isenheimer Altars von Matthias Grünewald aus dem ersten Viertel des 16. Jahrhunderts. Das bloße Anschauen der formalen und gegenständlichen Elemente des Bildes führt den Betrachter in erster symbolischer Instanz zu der Erkenntnis: menschlicher Körper, Nachthimmel, Felsen etc. Symbolisch in dem Sinne, dass es sich in Wirklichkeit natürlich um Farben, helle und dunkle Nuancen als zweidimensionale flache Anordnung handelt. Diesen primären Sinn unterscheidet Panofsky in Sach- und Ausdrucks-Sinn. Wir erkennen einen Menschen vor einem Nachthimmel mit einem präsentierenden, aufrechten, gebieterischen Ausdruck.

Damit sind wir aber noch nicht am Kern der Intention der Darstellung. Uns fehlt die sekundäre Sinnschicht, die wir als Bedeutungssinn bezeichnen können (Kaemmerling, 1994, S.186ff). Dazu benötigen wir literarische Vorkenntnisse, die den Schwebenden als auferstehenden Christus identifizieren. Ob nun künstlerische Intention oder nicht: Ohne das Wissen des Betrachters ist ein Bild unvollkommen. Oder im Terminus der visuellen Kommunikation: Bilder erzeugen nur dann Anschlussfähigkeit des Rezipienten, wenn sie auf bekanntes Wissen Bezug nehmen.

Ikonografie und Ikonologie sowie deren wichtigste Vertreter Aby Warburg und Erwin Panofsky, spielen innerhalb der Kunstgeschichte eine herausragende Rolle. Neben dem kunsthistorischen Blick auf die Materie bilden weitere Ansätze, wie die Gestaltpsychologie, die Semiologie, die Kunstsoziologie oder gegenwärtig die Bildwissenschaft und das Visual Framing einen weit gefächerten Rahmen der Beschäftigung mit Bildern und Visualität. Marion G. Müller unterscheidet zwischen philosophischen, physiologischen, sprachwissenschaftlich zeichentheoretischen, psychologisch pädagogischen, kommunikations- und medienwissenschaftlichen und sozialwissenschaftlichen Ansätzen (Müller, 2013). Das zeigt ganz deutlich, dass Bilder in fast allen Geistes- und Gesellschaftswissenschaften virulent sind. Es zeigt auch, dass moderne Bildgattungen, wie sie alltäglich vorkommen, in den Fokus der Aufmerksamkeit gerückt sind. Sind die Bilder der historischen Kunst zwar die ältesten und zeitlich entferntesten und damit vielleicht auch die unscheinbarsten und bedeutungslosesten, so bilden sie und ihre Rezeptionsgeschichte aber ein unverrückbares Fundament für die heutige visuelle Kommunikation.

„Das Reale wird durch Zeichen des Realen ersetzt."
Jean Baudrillard

1. Bild und Abbild

Was wäre, wenn wir in einer Welt ohne Zeichen leben würden? Es ist erstaunlich, wie häufig und allgegenwärtig Zeichen in unserem Alltag eine Rolle spielen. Stellt man sich die Umwelt ohne Verkehrs-, Informations-, Orientierungs- oder Werbezeichen vor, dann wird bewusst, wie oft und regelmäßig unsere Wahrnehmung mit Zeichen beschäftigt ist. Zeichen können auch durch Töne, Gesten oder Bewegungen vermittelt werden. Selbst unsere Schrift besteht aus Zeichen. Bei der Kommunikation mit Zeichen ist eine wesentliche Unterscheidung herauszustellen: Zeichen können das zeigen, was sie bedeuten (männliches und weibliches Piktogramm auf Toilettentüren) oder aber mittels Konvention als Symbol etwas zeigen, dass eine Bedeutung repräsentiert (Rotes Kreuz als Repräsentant für Erste Hilfe). Erste Art von Zeichen kommunizieren dabei durch ikonische Identität (Abbildhaftigkeit), zweite durch symbolische Differenz. Identität und Differenz ist ein Gegensatzpaar in der visuellen Kommunikation, das sowohl theoretisch als auch praktisch beim Gestalten mit Bildern oder Zeichen eine wichtige Rolle spielt. Denken wir an die Erklärungsmodelle in der Ästhetik (Kapitel Rezeption) dann wird evident, dass sich visuelle Kommunikation immer durch die Differenz des Gezeigten und des Gemeinten auszeichnet. Darin genau liegt das Problem. Wie sollen wir effektiv kommunizieren, wenn das, was wir tun nicht identisch mit dem ist, was wir meinen? Im Bereich des strategischen Planens in Unternehmen, in der Werbung und im Informationsdesign (Infografiken, Piktogramme, Zeichensysteme im öffentlichen Raum) funktionieren die Botschaften stets nur, wenn die Adressaten verstehen, was die Intention des Produzenten ist. Ist das nicht der Fall, treten Missverständnisse auf. Im schlimmeren Fall Desorientierung und Verwirrung. Im schlimmsten Fall gar Verletzung oder Lebensgefahr.

Was in der Ästhetik als die Differenz von Zeichen und Bezeichnetem definiert wird, wird in der visuellen Kommunikation zum Zentrum der Aufmerksamkeit. Gestaltung mit der Absicht von Kommunikation muss sich zwar mit dieser Tatsache abfinden, obwohl gleichzeitig natürlich höchst mögliches Verständnis für den Rezipienten eingefordert wird. Operiert die Ästhetik auf die Uneindeutigkeit von Modellen mit der Unterscheidung von Zeichen und Bezeichnetem, so setzt sich die visuelle Kommunikation über diese Unterscheidung hinweg. Menschen sind in der Lage sich anhand von Modellen zu orientieren: Obwohl sich Bilder vom Abgebildeten unterscheiden, entstehen Identitäten. Oder besser: Gerade weil sich Abbild und Abgebildetes unterscheiden, wird garantiert, dass Kommunikation entsteht.

Die Problematik von Bildern, seien sie historisch künstlerisch oder digital zweckgebunden, liegt auf der Hand. Alleine die Materialität von Bildern (Leinwand, Papier, Interfaces) verweist schon auf die Unterschiedlichkeit zum Abgebildeten. So kann doch ein Portrait nie die Wahrheit verkörpern, da es materiell und zeitlich nie dem Portraitierten entspricht. Abbilder funktionieren immer nur als Verweis auf das durch sie gezeigte. Dies geschieht auf einer Skala, die vom symbolischen Bild bis hin zum quasi perfekten Abbild eine Bandbreite an Konstruktionen zulässt. Eine Gesellschaft, die ihr zur Verfügung stehendes Bildmaterial lesen und anwenden kann, ist eine funktionierende Gesellschaft, wobei der Grad der Abbildhaftigkeit keine Rolle spielt. Dieser muss lediglich in Konventionen des gesellschaftlichen Selbstverständnis eingebunden sein, damit er wirksam ist. Identitäten können unterschiedliche Konstitutionen und Voraussetzungen haben. Es können Personen, Topografien oder andere Zeichen eine Identität ausbilden. Bedeutung für Identitäten können durch ikonische

Abbildung 11 links: Friedrich Barbarossa und Söhne, Welfenchronik, 1179–1191, Miniatur, Hessische Landesbibliothek Fulda.

Abbildung 12 rechts: Lambert Sustris (früher Tizian zugeschrieben), Kaiser Karl im Lehnstuhl, 1548, Alte Pinakothek München.

Die mittelalterliche Bildwelt lässt noch keine eindeutige Zuordnung durch Ähnlichkeiten zu real existierenden Personen zu. Die Identität des Kaisers wird hier über Symbole, wie Gegenstände oder Farb- und Positionszuordnungen dargestellt. Das Bild von Karl V. aus der Mitte des 16. Jahrhunderts zeigt die typische physiognomische Gesichtsform der Habsburger. Es handelt sich hier um ein Abbild einer real existierenden Person.

oder symbolische Zeichen vermittelt werden. Erstere weisen eine eindeutige Ähnlichkeit, zweitere eine bildnerische Differenz zum Abgebildeten auf. Dabei funktionieren beide. Zum Beispiel hat das Symbol des Roten Kreuzes keine Ähnlichkeit mit seiner Bedeutung. Dagegen ist die Bedeutung von ikonischen Zeichen, wie Fluchtweg oder Feuerlöscher unmittelbar evident. Differenz und Identität funktionieren auf unterschiedlichen Graden der Ähnlichkeit und Bildlichkeit. Bei ähnlichen Bildzeichen ist die Bedeutung ablesbar, bei symbolischen muss sie erlernt sein.

Die Historie der Bilder bietet uns verschiedene Konzepte mit unterschiedlichen Graden von Zeichenhaftigkeit. Die romanische Malerei verstand Personen noch als Symbole ihrer Eigenschaften und Persönlichkeiten. Zu diesem Zweck waren Attribute sehr wichtig. Man erkannte die Dargestellten nicht an individuellen Zügen, sondern an ausgewiesenen Gegenständen bzw. Haltungen und Standorten. Ab der Renaissance legten die Maler die Priorität auf individuelle Malweise (die Bilder wurden signiert und somit als Autorenprodukt ausgewiesen) und Ähnlichkeit mit der realen Welt. In der alten Pinakothek in München kann man Kaiser Karl V. so sehen, wie er tatsächlich ausgesehen hat.

Zeichen

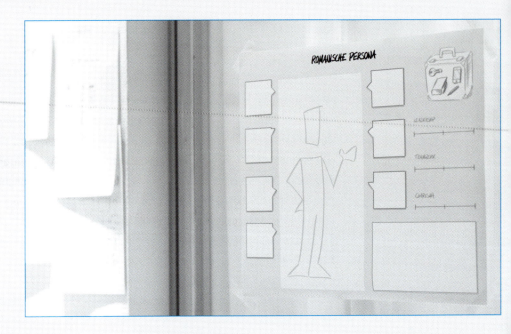

ROMANISCHE PERSONA

Identitäten helfen, Annahmen auf den Prüfstand zu setzen und zu beobachten, ob sich diese bestätigen oder widerlegen. Die Identität, die hier geschaffen wird, ist eine künstliche Persona. Grundsätzlich dient die Persona-Technik dazu, sich einen Kunden oder eine Zielgruppe besser vorzustellen. Die Persona ist eine Stellvertreterin, die die Problemstellung durchläuft. Es ist, als hätte man eine imaginäre Person im Raum, die man befragen kann – auf die man sich beziehen kann.

Es gibt Projektgruppen, die es sich zur Angewohnheit gemacht haben, in jedem Meeting einen Platz frei zu lassen, auf dem die Kundin sitzt. Das geschieht dann in Form einer Persona-Beschreibung auf Papier. Manche gehen noch weiter und bauen aus Pappe eine lebensgroße Persona ihres Kunden.

Die Kunden werden allzu oft aus dem Blick verloren, wenn es darum geht neue Strategien, Geschäftsmodelle, Innovationen, Produkte oder Services zu entwickeln. Schnell sind die neuen

Ideen, der Umsatz, das neue Konzept im Fokus, die man schon liebgewonnen hat, bevor klar ist, ob es Sinn macht, sie überhaupt zu realisieren. Der stetige Abgleich mit der imaginären Kundin ist aber Voraussetzung für eine nachhaltige Weiterentwicklung.
Die *Romanische Persona* baut auf dem bewährten Prinzip der klassischen Persona auf und ergänzt sie mit den Erkenntnissen aus der Bildgeschichte und einigen in der Praxis erworbener Erfahrungen. Sie bildet eine Alternative – nicht unbedingt einen Ersatz. Sie ist dazu gedacht, differenziert und teilweise kleinteilig aufgebaut zu sein. Das Konzept spielt stark mit dem spielerischen Aspekt des Charakter-Entwickelns in Rollenspielen, gerade so, als würde man eine Anziehpuppe bekleiden.

Und so funktioniert es:

1. Jede Gruppe bekommt ein Template ausgehändigt. Dazu begleitend erhält jede Gruppe die Attribut-Vorlagen (sie werden im Teil *Vorbereitungen* noch näher beschrieben).

2. Eigenschaften wie Geschlecht, Alter, soziale Zugehörigkeit werden direkt am Start entwickelt. Sie legen die Grundlage für die weitere Entwicklung der *Romanischen Persona*.

3. Hat sich die Gruppe auf der ersten Ebene geeinigt, wird mit Hilfe der Attributvorlagen das Aussehen bestimmt. Sie beginnen mit dem Kopf. Sehr gut funktioniert das, wenn die Attribut-Vorlagen auf Klebeetiketten gedruckt worden sind. Das jeweilige Attribut (Haare, Augen, Ohren, Nase, Mund usw.) wird in den zugehörigen Kasten neben der Persona geklebt, gezeichnet oder gepinnt.

4. Es geht weiter zur Kleidung, Schmuck-Accessoires und den Schuhen, um sich zum Schluss noch mit den Taschen zu beschäftigen. Die Taschen sind ein größeres Feld auf dem Template und sollen als Sammelstelle für die Dinge dienen, die die Persona sonst noch bei sich trägt (Gadgets, Hilfsmittel, Medizin, Bücher, Schlüssel etc.). Dazu können die Vorlagen genutzt werden und durch viele eigene, freie Ideen und Assoziationen ergänzt werden. Ganz besonders viel Spaß macht es mit transparenten Folien zu arbeiten, die man auf seiner Persona appliziert. In Handumdrehen kann man das Aussehen verändern oder anpassen.

5. Hat sich die Gruppe auf alle Attribute geeinigt, übertragen sie diese auf die Zeichnung in der Mitte des Templates.

6. Als letzten Schritt werden der *Romanischen Persona* drei wichtige Eigenschaften zugeordnet. Dazu dienen die drei Eigenschafts-Regler rechts unten auf dem Template. Die wichtigsten zu notierenden Eigenschaften definieren die Gruppen selber. 0 bedeutet, die Eigenschaft ist gar nicht vorhanden, 10 bedeutet sie ist ausgesprochen stark vorhanden. Vorschläge für Eigenschaften sind zum Beispiel: Innovationsgeist, Risikobereitschaft, Trendaffinität, usw.

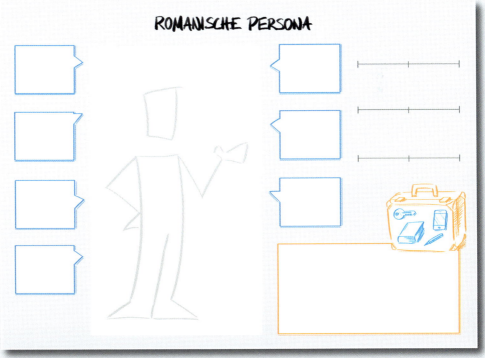

Template Romanische Persona
Als Download auf: www.creating-innovation.com

Formulierung für das Briefing

Warum beginnen wir mit dem Kopf? Der Kopf ist eines der charaktereigensten Gestaltungselemente des Menschen. Wir definieren uns und unseren Eindruck, den wir auf andere machen, hauptsächlich mit dem Kopf. Die Frisur, Haarfarbe, Bart bei Männern, Schminke, etc. können ganz unterschiedlich Menschen ausmachen. Der Kopf legt sozusagen die Grundlage für alle weiteren gestalterischen Attribute unseres Erscheinungsbildes fest. Bei dieser Übung hilft es, wenn die Teilnehmer ermutigt werden, ein oder zwei Ebenen tiefer zu graben, als nur an der Oberfläche zu bleiben. Machen Sie das am Beispiel eines Schlüssels in den Taschen deutlich: *Die Persona hat also einen Schlüssel in der Tasche. Was für einen Schlüssel? Von der Wohnung? Vom Fahrrad? Nicht vom Fahrrad, ok. Dann vom Auto? Gut. Was für ein Auto?* Während der Übung kann immer wieder darauf hingewiesen werden, dass die *Romanische Persona* eine Hilfe darstellen soll, die Kunden im Blick zu behalten. Sie ist kein Korsett, dass man sich und den Kunden aufzwingen muss. Was nicht passt, kann passend gemacht werden oder fällt weg.

Zur Vorbereitung

Dauer: 30–90 Minuten
Gruppengröße: Je nach Gruppengröße alle zusammen oder in Gruppen zu dritt.
Material (pro Gruppe):
- Template *Romanische Persona*
- Attribute-Vorlagen-Set
- Permanent-Marker, Bleistifte
- Klebezettel

2. Identitäten der Kultur

Beispiele für Identitäten können wir in direkte oder indirekte Kategorien einteilen. Ein dargestellter Gegenstand (Produkt), eine Person (Politiker) oder ein Ereignis (Papstwahl) können anhand von Kenntnissen, wie Erfahrungen (Wiederholungen) oder kulturellem Wissen definiert werden. Indirekte Identitäten sind solche, bei denen man eine Machart (Stil, Duktus) oder ein Sujet (Ort, Landschaft, Gebäude, Vegetation) erkennt und diese deuten kann. Ein gemalter Ort kann auf eine Identität – und damit auf eine Beziehung zu einem realen Ort – hinweisen oder aber durch seine spezielle Malweise auf das Zeitalter des Impressionismus und auf einen bestimmten Maler, mit allem erdenklichen Wissen, das damit verbunden sein kann. Ebenso sind Marken und Unternehmensidentitäten zu verstehen. Die Unterscheidung einer Marke von anderen Marken beruht zu einem großen Teil auf der Kraft visueller Erkennungsmerkmale. Warum legen wir Vertrauen in manche Marken? Was macht deren Erfolg aus?

Starke Marken, und damit starke Identitäten stehen immer im Verhältnis zu anderen, schwächeren oder vielleicht sogar unerheblichen, nicht vorhandenen Eindeutigkeiten. Die Masse von Konsumprodukten oder Marken beispielsweise im Drogeriemarkt- oder Nahrungsmittelbereich fordert bei der strategischen Entwicklung von neuen Marken einen enormen Gestaltungsaufwand, was den Wiedererkennungswert und damit die Unterscheidung von Konkurrenzprodukten angeht. Bei Identitäten von kulturellen Leistungen und Kommunikationstechniken ist es ähnlich. Qualitäten kultureller Kommunikation lassen sich erst durch den Vergleich mit andersartigen Objekten, Varianten, Verhaltensmustern oder Veräußerungsformen identifizieren. Der Blick auf die Entwicklung von Kultur- oder Kunstepochen zeigt immer eine Auseinandersetzung der jeweiligen Zeit mit einer vorangegangenen Zeit. Besonders augenfällig wird dies im 18. Und 19. Jahrhundert. Die Grand Tour der Söhne der britischen Adligen bot damals die richtungsweisende Strategie, das Selbstverständnis für eine neue Kulturepoche zu verdichten (Kapitel Einleitung).

→ Varianten der Identität
- Individuelle Identität: Fürsten, Herrscher, Künstler, Auftraggeber, Politiker, Prominente, Personen des Alltags
- Soziale Identität: Stände, Gesellschaftsschichten, Nachbarschaft, Bruderschaften, Zünfte, Vereine, Organisationen, Communities, Moderichtungen, Subkulturen, etc.
- Konfessionelle Identität: Religionszugehörigkeit, Glaubensgemeinschaften
- Nationale Identität: Staaten und Nationen
- Regionale Identität: Städte, Regionen, Landschaften, utopische und fiktive Orte
- Identität von Ereignissen: Epochen, historische, aktuelle, fiktive Ereignisse
- Marketing Identität: Unternehmen, Marken, Services, rhetorische Personifikationen (Uncle Sam, Meister Proper)

Zeichen

GRAND TOUR

Wenn es um Richtungs- oder Strategiewechsel, neue Zielvorgaben oder Business Modelle geht, dann bilden Landkarten eine anschauliche Möglichkeit, visuelle Räume zu öffnen. Bezogen auf unser Beispiel des jungen englischen Edelmanns im 18. Jahrhundert, würde das Wissen antiker Quellen mit Bezug auf die praktische Anschauung und der Folge der Implementierung einer Renaissance des klassisch Antiken als Klassizismus ein neues Paradigma für das 18. Jahrhundert bedeuten. Was deshalb auch geschah, weil man sich von den feudalen Gestaltungsparadigmen des Rokoko lösen wollte, um der damaligen Innovation der Aufklärung ein zeitgemäßes Aussehen zu verleihen. Praktisch angewendet würde eine Vorgehensweise angelehnt an die Grand Tour – verkürzt beschrieben – folgendermaßen aussehen:

Mit diesem Werkzeug helfen Sie einem Team zunächst sich selbst zu verorten damit neue Wege definiert werden können. Landkarten – als solche – haben den großen Vorteil, dass so gut wie jeder etwas mit ihnen anzufangen weiß und sie intuitiv versteht.

Dadurch empfindet das Team dieses Werkzeug als sehr real und nahbar. Ziel ist es, anhand einer Karte sowohl den Ist-Zustand als auch mögliche alternative Zukunftsperspektiven zu entwickeln. Ähnlich der *Grand Tour* wandeln die Teilnehmer auf den Pfaden der Vergangenheit und Gegenwart mit dem Fokus auf die Zukunft.

Beispiel aus der Praxis: In einem Workshop bei einem deutschen mittelständischen Unternehmen diente diese Methode dazu, Wege in die Zukunft zu entwickeln. Die Karte selbst hatte in diesem Fall die Form eines Flusses. Verschiedene Ankerstellen entlang des Flusslaufes repräsentierten Ressorts, Techniken und Neuheiten. Diese wurden der Reihe nach besucht, erkundet und interpretiert. Am Ende des Flusslaufes angekommen hat man sich versammelt und über die aufgekommenen Ideen und den Nutzen einzelner Erkenntnisse für das Unternehmen ausgetauscht. So entstanden neue Ideen für das Zusammenführen von internen Prozessen mit denen von zukunftsträchtigen Partnern und Technologien. Die *Grand Tour* hat den Beteiligten des Managements aufgezeigt, was dort draußen in der Welt gerade alles passiert und schon passiert ist. Sie konnten ihre eigenen Logiken davon ableiten und im Unternehmen etablieren. Die Kernerkenntnis eines der Teilnehmer lautete: „Die *Grand Tour* durch die vielfältigen Möglichkeiten, die heutzutage existieren, hat mir die Augen geöffnet. Sie in dieser Weise zu betrachten hat mir einfach geholfen, die nötigen Schlüsse zu ziehen und Verbindungen zu entdecken, die mir sonst nie offensichtlich gewesen wären."

Zeichen

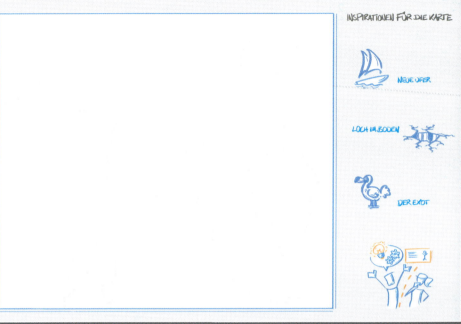

Template Grand Tour
Als Download auf: www.creating-innovation.com

Und so funktioniert es:

1. Auf Größe einer Pinnwand wird auf einem Papier eine Landkarte vorbereitet.

2. Es werden Kontinente durch Kulturen und Menschen aller Art bevölkert: Indianer, Neandertaler, Buddhisten, Exoten, Konsumenten, Technologische Vorbilder, stärkere Konkurrenten etc. Markante Orte, wie Inseln, Flüsse, Bauwerke, Trends, Themen von Interesse oder aber auch utopische Orte, wie Weltraum oder Unterwelt eingezeichnet. Frei nach Gusto der Gruppe und zunächst fast unabhängig vom eigentlichen Thema.

3. Wenn die Karte fertig gestellt ist, begehen die Teilnehmer die verschiedenen Orte der Karte und reflektieren dort, was es für ihren aktuellen Kontext bedeuten würde, an den jeweiligen Orten der Karte zu handeln, zu sein oder sich zu entwickeln. Die ersten groben Ideen werden an den jeweiligen Ort der Karte gepinnt. So entsteht eine Wand voller Notizen.

4. Das Team kreiert eine visionäre Welt, die sich auf Vergangenes bezieht, das oberflächlich betrachtet, keine Bedeutung mehr hat. Diese vergangene Welt wird Schritt für Schritt zur gewünschten Welt. Das spannende bei dieser Methode ist, zu beobachten, wie die Gruppe sich ihre Welt nach und nach erschließt.

5. Zu jeder Notiz auf der Karte wird ein entsprechendes Blatt beschriftet, das die Hauptpunkte der Idee festhält. All diese Blätter werden an eine Wand in der Nähe gehängt. Die Gruppe priorisiert die Ideen-Blätter und nimmt sich dann je nach Zeitvorgabe drei bis fünf der Blätter vor. Diese werden in einem kreativen Dialog weiter entwickelt und verfeinert – immer mit dem Wissen im Hintergrund wo sie verortet sind, wie schwer oder leicht sie zu erreichen sind und was geschehen müsste, um zum Ziel zu kommen. Bezieht man dieses auf die historische Grand Tour, dann kann festgestellt werden, das sowohl der Reisende des 18. Jahrhunderts als auch die Kreativ-Teams Geschehnisse als Anlässe für Neues veranschaulichen.

Formulierung für das Briefing

Als Einführung dient eine fiktive Geschichte mit historischen Bildern aus dem 18. Jahrhundert. Der Ist-Zustand soll zuerst auf der Karte dargestellt werden. Das können das existierende Umfeld sein, derzeitige Entwicklungsstände, Status der Ideen oder das aktuelle Geschäftsmodell sein. Näher zum Ist-Zustand gelegene Orte auf der Karte sind denkbare Modelle für die nähere Zukunft oder mit weniger Aufwand zu erreichen. Weiter weg liegen Fernziele oder Wünsche. Und im Weltraum kann richtig gesponnen werden! Hier gibt es keine Grenzen der Kreativität. Und das Loch im Boden? Wer weiß schon, was sich da verbirgt? Alles ist erlaubt. Die Teilnehmer werden dazu ermuntert, auch das Unmögliche zu denken und vor allem aufzuschreiben.

Zur Vorbereitung

Dauer: 30–90 Minuten
Gruppengröße: Je nach Gruppengröße alle zusammen (max. 8) oder in Gruppen zu 3–5.
Material (pro Gruppe):
- 3x Metaplanpapier
- 50x Blatt DIN A4
- Klebezettel, unterschiedliche Farben
- Permanent-Marker
- Pinnnadeln
- Zwei Pinnwände

Die Gruppen sollten nicht zu nah aneinanderstehen. Der Lärmpegel ist während dieser Übung immer recht hoch. Es ist wichtig, dass die Teilnehmer sich noch gut verstehen.

3. Entstehung von Identitäten

Eine unter vielen Entstehungszusammenhängen von historischen Bildidentitäten sind die *Veduten* und die davon abgeleitete Form des *Capriccios*. Die zunehmende Reisetätigkeit während des Barocks verlangte nach Ansichten von Orten, die transportabel und originalgetreu waren. Die Grand Tour, sozusagen die ersten Bildungsreisen der nordeuropäischen wohlhabenden Söhne, führten meistens nach Italien, wo ein Studium der antiken Kunst anstand. Dies hatte zur Folge, dass die Nachfrage für Stadtansichten stieg. Voraussetzung dafür wiederum war die Technik des Kupferstiches, die es erlaubte, Auflagen zu produzieren, um so der gemalten Stadt- oder Landschaftsansicht quasi ein Massenmedium entgegenzusetzen. Die Urform des Tourismus führte zur Inflation der mimetischen Wiedergabe von antiken Städten bis hin zur Idealisierung von architektonischen Ansichten. Die Capriccios zeichnen sich durch improvisierte Visionen aus, die einer erwünschten Identität Gestalt geben. Das Phänomen Identität und idealisierte Identität eines Ortes finden wir heute sowohl im Tourismus, als auch in der Überzeugung, die Werbekampagnen zu leisten versuchen. Wir sehen aber auch, dass Identitäten umgedeutet werden können. Sowohl durch die Unterschiedlichkeit der Betrachtung auf Zusammenhänge in verschiedenen Zeitaltern, als auch durch die Intention von Absichten.

Ein weiteres moderneres Beispiel ist die Fotografie, die mit der Erfindung der reproduzierbaren Bildträger eine enorme Popularität in der zweiten Hälfte des 19. Jahrhunderts erlangte. Zum ersten Male spielte die Identität von Abbild und Abgebildeten eine medial evidente Rolle. Was sollte eine Fotografie denn sonst abbilden, als die Realität? Erst im Laufe der Entwicklungen der Fotografie in der Moderne zeigte es sich, dass die Subjektivität und die Qualität der Technik bis hin zur Bildmanipulation ein enormes

Abbildung 13: Canaletto, Regatta auf dem Canale Grande, ca. 1740, Öl auf Leinwand, National Gallery, London.

Malereien aus dem 18. Jahrhundert geben erstmalig Orte wirklichkeitsgetreu wieder. Die steigende Reisetätigkeit und das Interesse an historischer Bildung forderte die Darstellung von „echten" Ansichten in einer Zeit, als es noch keine Fotografie gab.

individuelles Potential aufwies. Seit Mitte des 20. Jahrhunderts findet man Fotos in fast allen Museen der bildenden Kunst. Identität ist auch hier nur ein spezieller Fall unter vielen anderen Spielarten und Bezugsformen.

Abbildung 14: Charles Wilp, Afri Cola Werbekampagne, Sexy-mini-super-flower-pop-op-cola, 1968.

Einen Klassiker der Marken-Identität schuf Charles Wilp in den 60er Jahren. Starke Marken funktionieren immer aufgrund ihrer klaren Differenz zur Konkurrenz. Bei Afri-Cola spielt Wilp mit dem Spannungsfeld Laszivität und Frömmigkeit als rhetorische Antithesis. Die Folge war – und ist bis heute – das unverwechselbare Image der Marke.

→ Identitäten in der bildenden Kunst: Dem Künstler stehen verschiedene künstlerische Mittel zur Verfügung, Identitäten zum Ausdruck zu bringen.
- Inhaltliche und ikonografische Identitäten: Zeichen und Muster, Heiligen Attribute, Wappen, Embleme, Accessoires.
- Kompositorische Identitäten: Bedeutungsperspektiven, Größenverhältnisse und Kontraste, Symmetrie, Anordnungen.
- Formale Identitäten: Stile, Techniken, Materialien, Farben, Gestaltungselemente, Ornamente, Muster (Rocaille im Rokoko, florale Elemente im Jugendstil), Medien.
- Wiederaufnahme von historischen Formen als Strategie durch den Bezug zur Geschichte Selbstverständnis aufzubauen. Darunter fallen beispielsweise Spolien (Architekturelemente, die aus den Trümmern einer Kulturepoche in einer folgenden Epoche wieder verbaut werden). Der Historismus wartet im 19. Jahrhundert mit einem Stilmix aus unterschiedlichen Epochen auf. Ganze Städte (Wiener Ringstraße) erhalten einen historisierten Parcours, der Funktionen von Gebäuden mit Funktionen in der Gesellschaft verbindet (Parlament = Antike, Oper = Barock, Museum = Renaissance, usw).
- Die Gotik als Nationalstil im 19. Jahrhundert (Kölner Dom). Hier repräsentiert ein historischer Stil das preußische Selbstverständnis.

4. Identität und Deutung

Wichtig ist bei der Betrachtung der in Bildwerken transportierten Identität darauf zu achten, ob diese Interpretation bzw. Zuordnung eine zeitgenössische ist, vom Künstler oder Auftraggeber intendierte oder ob es sich vielmehr um eine später durch Medien, Kritik oder andere Kräfte aufgesattelte Interpretation handelt. Identitäten differenzieren sich anhand von Zuweisungen und Erklärungsmustern, die einer Person, einem Ding oder Zeichen oder einer Situation aufgesetzt werden. Dabei kann es zu Verschiebungen und Umdeutungen kommen. Bekannt ist die Romantisierung von indigenen Kulturen in den USA, aber auch Idealisierungen im Bereich von Gesundheits- und Selbstoptimierung in der heutigen Produkt- und Markenwelt.

Die Malereien der französischen Impressionisten im letzten viertel des 19. Jahrhunderts stellten erstmalig durch ihre Malweise den Eindruck (Impression) des Malers in den Vordergrund. Das Motiv der Bilder war zweitrangig. Formen und reelle Gegenstände wurden nach und nach aufgelöst, die Darstellung von Licht und Stimmung führten zum unverwechselbaren Stil des Impressionismus. Keiner der Impressionisten hatte die Intention einen Stil zu begründen. Stile wurden immer im Nachhinein als Zusammenfassungen von Merkmalen zur formalen Identität. Während der Moderne entstanden auf diese Weise zahlreiche Stile und Ismen, wie Surrealismus, Dadaismus, Expressionismus, Futurismus und viele mehr.

Heute findet man umgedeutete oder erfundene Identitäten überall. Ausgehend von der Maske im Theater bis hin zu künstlichen oder fiktiven Identitäten in Social Media oder Spiele Szenarien. Es werden Bilder genutzt, um deren Inhalt als auch ihre mediale Form für alle möglichen Absichten einzusetzen. Die Konnotation der Kunst wird weitgehend als Beweis für Wissen, Können und Wohlstand wahrgenommen. Prominente aus Wirtschaft und Politik lassen sich vor abstrakten Kunstwerken ablichten, um ihrer Kompetenz Ausdruck zu verleihen.

5. Identität und Innovation

Das Wesensmerkmal von Identität ist also, dass sie keineswegs statisch ist und sein will. Unternehmen kämpfen ständig mit den Anforderungen, einerseits auf eine glaubhafte Tradition zu setzen, andererseits herausfordernde Innovationen zu erkennen und auszubilden, um nicht rückständig und statisch zu wirken. Zwischen bestehenden und zukünftigen Werten „... lässt sich die Spannweite des Identitätsbegriffs ablesen, der sich vom Pol der (statischen) Konstanz bis zum Pol des (dynamischen) Wandels erstreckt. Gegenüber der Präsenz in der Vorstellungswelt der anderen gibt es die Eigenvorstellung, das Selbstbild, das mit dem

1896

1900

1908

AEG
1996

1912

2013

Abbildungen 15: AEG Logos 1896 bis 2013.

Die Entwicklung des Logos der AEG zeigt nicht nur eine ungeheure formale Bandbreite, sondern steht auch für die historisch erste systematisch entwickelte Corporate Identity. Peter Behrens schuf ab 1907 verschiedene Varianten und entledigte die Bildmarke von überschwänglicher Ornamentik.

Bild der anderen nicht übereinstimmen braucht" (Bonsiepe, 2009, S.74). Man muss also zwei entscheidende Faktoren bezüglich der Identitätskonstruktion eines Unternehmens, einer Institution oder eines Produktes beachten: Eigen- und Fremdwahrnehmung und Konformismus und Innovation.

Im Corporate Design kommt es immer wieder zur Durchführung eines Re-Design, um der Argumentation der zeitgemäßen Änderung und Anforderung gerecht zu werden. Re-Design zeigt die zweigliedrige Problematik sehr schön: Beibehaltung einer visuellen Tradition und damit Erkennbarkeit unter Erneuerung minimaler Gestaltungskomponenten, wie leichte Farb- oder Formänderungen zur ästhetischen Aktualisierung und Auffrischung.

Identitäten lassen sich in vielen Bereichen der Visuellen Kommunikation ausmachen. Der kunsthistorische Blick soll uns empfänglich für das machen, was identitätsbildendes Image heute bedeutet. Der Begriff *Image* bedeutet im Deutschen weitaus mehr als ein Abbild. Das Image einer Person trägt immer die Eigenschaften dieser Person in sich. In den Medien werden diese Personen dann so gelesen, wie sie durch die Abbilder wirken, z.B.: glaubhaft, zwielichtig oder vorbildhaft. Diese Ergebnisse sind nicht selten ausschließlich ein Produkt von visueller Gestaltung und gekonnter Inszenierung.

→   Bildende Kunst und Identität

Der Kulturtheoretiker Wolfgang Ullrich zeigt anhand von Fotografien von Personen aus dem öffentlichen Leben, wie oft sich diese Personen vor Kunstwerken abbilden lassen (Ullrich, 2000). Erstaunlicherweise positionieren sich Manager, Firmenchefs, Politiker und andere Personen von öffentlichem Interesse nicht selten vor Kunstwerken. Dies geschieht mit der Absicht kulturelles Wissen, Verständnis aber auch Besitzansprüche zu zeigen, um damit die eigene Identität zu stärken.

VISUELLE IDENTITÄT

Oft arbeiten wir in Gruppen zusammen, in denen nicht unbedingt ein gemeinsames Verständnis für die gegebene Aufgabe herrscht. Und manchmal kann es auch sein, dass Teammitglieder sich noch nicht vollkommen mit ihrer Aufgabe identifizieren können. Um diesem Zustand zu begegnen, haben wir das Werkzeug *Visuelle Identität* entwickelt. In einem fast spielerischen Kontext erschaffen die Teilnehmer in Windeseile eine gemeinsame Identität. Das kann sowohl für Kleingruppen gelten als auch für ein ganzes Projektteam. Das Ergebnis ist oft überraschend. Es bildet sich immer eine starke, kreative Stimmung heraus und nicht selten ist so schon die eine oder andere Idee für ein weiteres Projekt entstanden. Die *Visuelle Identität* garantiert vor allem eines: eine hoch motivierte Mannschaft und einen gelungenen Start in jedweden Prozess.

Und so funktioniert es:

1. Auf einem möglichst großen Tisch werden die *VI Karten* nach dem chaotischen System ausgelegt. Diese Karten enthalten auf der Frontseite Bilder und Begriffe aus der Kunstgeschichte. Auf der Rückseite der Karten steht kurz und knapp beschrieben, was es mit dieser kunstgeschichtlichen Gegebenheit auf sich hat.

2. Die Teilnehmer werden in Gruppen von bis zu 5 Personen aufgeteilt. Das kann durch das Losverfahren, eine Puzzlezuordnung, eine Vorgabe oder Abzählen geschehen.

3. Jede Gruppe darf sich drei dieser Karten nehmen. Alle Teilnehmer machen ihre Auswahl gleichzeitig (das macht es lebendiger, weil man Sorge haben kann, die besten Karten zu verpassen).

4. Mit den drei Karten zieht sich jede Gruppe an ihren Arbeitsplatz zurück.

5. Die Gruppen entwickeln mit den Karten als Inspiration ihren Gruppennamen, ihren Leitspruch und drei prägende Attribute ihrer Gruppe.

6. In einminütigen Präsentationen stellt sich jede Gruppe den anderen kurz vor und verkündet feierlich, dass sie unter eben jenem Motto denken und handeln werden.

Formulierung für das Briefing

Diese Übung dient dem Warmwerden und sich Austauschens. Es ist eine Art der Verortung für das Team. Kreativität und gerne auch ein wenig Klamauk sind gern gesehen und sogar erwünscht. Es gibt kein Richtig und kein Falsch. Die Auswahl der Karten sollte möglichst schnell und spontan vonstatten gehen. Innerhalb von 5 Minuten sollten alle Teams wieder an ihren Arbeitsplätzen sein.

Zur Vorbereitung

Dauer: 20 Minuten

Gruppengröße: Gruppen von 3–5 Personen

Material:
- 40 Karten *Visuelle Identität*
- 1 Kleber pro Gruppe
- 1 Filzstift pro Teilnehmer

Raumbedarf: 1 großer Tisch (ca. 120x120 cm)

6. Die semiotische Konstante

In der Theorie der Kommunikation mit Zeichen (Semiotik) sprechen wir von Abhängigkeiten der Bezeichnungen von ihrem Bezeichneten und den Fähigkeiten, Bedeutung in visuellen Gestaltungen offensichtlich werden zu lassen.

Die Semiotik als Metatheorie für die Interpretation von Bildern und Bildelementen spielt eine nicht mehr wegzudenkende Rolle in der visuellen Kommunikation. Die Modelle der Kommunikation erlangen durch die Operationsmodi Abbild, Symbol und Index eine Bandbreite, die es selbst in abstrakten Bildern erlaubt, Deutung und Bedeutung aufzuzeigen. Genauso wie wir in der Lage sind ikonische, symbolische und indexalische Zeichen auf einem Flughafen zu lesen (Landung, Abflug, Kofferband, Meetingpoint, Pfeile in diverse Richtungen), ist es möglich gegenstandslose Bilder zu lesen und zu interpretieren. „Jedes Zeichengefüge wird immer zugleich sowohl im Hinblick auf die Identität von Zeichen und Bezeichnetem, wie deren Nichtidentität als auch ihre Identität in der Nichtidentität gelesen werden können."
(Brock, 1990, S. 315)

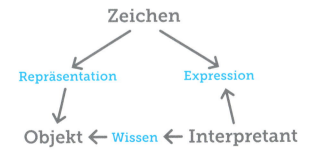

→ Das semiotische Dreieck bietet die notwendige Verbindung von Zeichen, Objekt und Interpretation mit den jeweiligen Notwendigkeiten von Ausdruck, Wissen und Repräsentation. Sind alle sechs Begriffe vollständig, sprechen wir von einem Zeichen als Abbild (Icon), fehlt die Verbindung der Repräsentation, dann sprechen wir von einem Symbol.

Bilder als Zeichengefüge können also deutlich mehr als Bilder, die primär nur als Abbilder gelesen werden. Werden Bilder und deren Wirkungsspektrum zwischen Identität (Abbild) und Symbol wahrgenommen, dann werden komplexe Handlungs- und Denkräume, wie Verkehr (Verkehrszeichen), Texte (Schriftzeichen), Musik (Noten) oder Bildschirm Interfaces (Icons) erst möglich. Die Entwicklung der Deutung von kunsthistorischen Bildern lehrt, dass es sich lohnt mit Bildern als Bedeutungsträger unterschiedlichste Identitäten ausformulieren zu lassen. Zudem bietet uns die Semiotik als Lehre von der Funktion von Zeichen eine gewisse Garantie, dass visuelle Elemente und Kompositionen per se durch ihre Zeichenhaftigkeit Bedeutung erzeugen. Selbst wenn man diese Bedeutung nicht interpretieren kann – wie zum Beispiel Europäer asiatische Schriftzeichen – so stehen diese Schriftelemente für etwas und kommunizieren dies auch. Ob Bedeutungen schlussendlich rational richtig oder absichtlich different gelesen werden, kann uneindeutig sein. In diesem Sinne kann man die Welt als die Summe ihrer Zeichen betrachten.

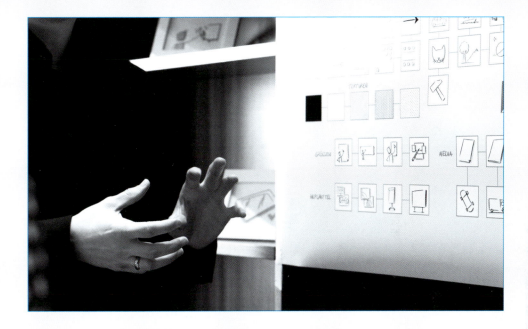

PERIODISCHES SYSTEM

Wie kann ich andere dazu befähigen, mehr, besser und bewusster visuell zu arbeiten? Diese Frage treibt mich unter anderen an, wenn ich darüber nachdenke, wie ich helfen kann, dass es mehr echte und wertvolle strategische Unterhaltungen auf der Welt gibt. Zu diesem Zweck haben wir das *Periodische System des visuellen Arbeitens* entwickelt.

In seiner strukturierten Art hilft das *Periodische System des visuellen Arbeitens* dabei, aus verschiedenen Bildern neue Bilder zu mixen. Und ganz simpel hilft es dabei, Gemeinsamkeiten und Unterschiede der Elemente zu verdeutlichen. Es ist eine Verortung von Bildtypen, die helfen kann, besser zu memorieren oder zuzuordnen. Nichts weltbewegendes, aber ein hilfreiches Werkzeug im Werkzeugkasten.

Zeichen

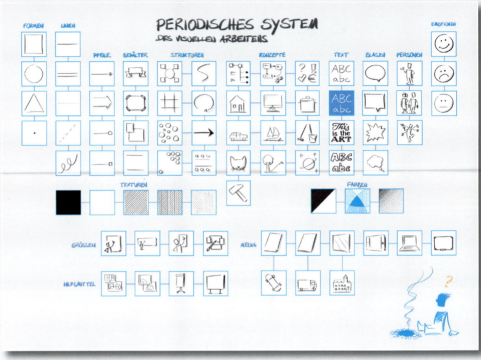

Template Periodisches System
Als Download auf: www.creating-innovation.com

Und so funktioniert es:

Als Poster funktioniert es vor allem als Ideengeber und versinnbildlicht mögliche Kombinationen. Wie das Periodensystem der chemischen Elemente, ist auch dieses hier als Karte zu verstehen. Die Zusammenhänge der Bildelemente werden deutlich und mögliche Experimente scheinen sich anzubieten. Die Ordnung des *Periodensystem* richtet sich nach dem Prinzip der beidseitigen Zentrik – soll heißen von Außen nach Innen erhöht sich die Komplexität der Elemente und der Grad der benötigten Meisterschaft sie zu beherrschen.

Ergänzen wir aber jetzt das Poster des *Periodensystems* mit den einzelnen Elementen als gedruckte Karten, so erschaffen wir uns einen regelrechten Chemiebaukasten. Die Karten nutzen wir bisher auf zweierlei Art. Erstens sind sie sehr hilfreich, wenn man sie einfach nur auf dem Tisch (oder wenn der zu klein wird auch auf den Boden oder an der Wand) verteilt. Dann nimmt man sich Karteikarten, und zeichnet jeweils passend zu den Elementen Bildideen oder Kategorien auf. Diese sortiert man dann zu den entsprechenden Elementen. Jetzt ist es aber manchmal so, dass ein Bild gut und gerne zu zwei Elementen passt. Dann ändert man die Ordnung und legt die passenden Elemente benachbart hin. So entsteht ein sich immer wieder wandelndes Netz aus Bildern.

Die zweite Art, mit den Karten zu arbeiten, verspricht oft noch mehr Erkenntnis und vor allem Spaß zu bringen. Dabei entscheidet man sich entweder bewusst oder per Zufall für Elemente aus dem *Periodensystem*, die man miteinander vermischen oder verbinden möchte. Hat man nun drei oder vier Elemente vor sich liegen, muss man dazu passend Bilder entwickeln. Das klappt manchmal ganz einfach, manchmal sind die Ergebnisse ganz unerwartet und immer mal wieder entsteht eine explosive Kombination, die erschreckend gut oder schlecht funktionieren kann.

Formulierung für das Briefing

Dieses Werkzeug dient vor allem der beständigen Weiterentwicklung der visuellen Sprache des Teams. Mit dem *Periodensystem des visuellen Arbeitens* wird zum Beispiel die *Visuelle Bibliothek* zum Leben erweckt. Es lädt dazu ein zu experimentieren, neue Kombinationen auszuprobieren und auch neue Erkenntnisse daraus zu gewinnen. Es dient hervorragend dem Zweck, es in Zwischeneinheiten während Workshops zu nutzen oder auch als Poster im Büro aufzuhängen. So wird die Erinnerung an die passenden Bilder im richtigen Moment unterstützt.

Zur Vorbereitung

Dauer: 20–100 Minuten

Gruppengröße: Gruppen von 3–5 Personen

Material (pro Gruppe):
- Template *Periodisches System*
- DIN A6-Karten
- Stifte

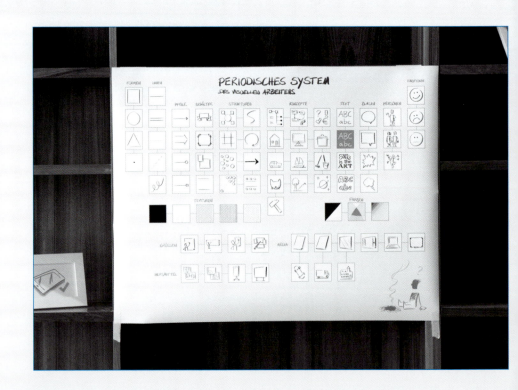

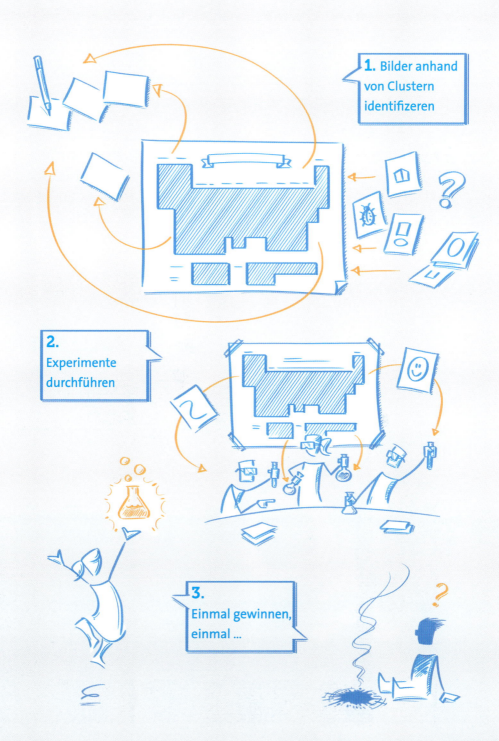

„Ohne zu schreiben, kann man nicht denken; jedenfalls nicht in anspruchsvoller, anschlussfähiger Weise."
Niklas Luhmann

1. Rhetorik – die Gestaltung der Sprache

Klassische Rhetorik und rhetorische Figuren funktionieren sowohl bei der Sprache als auch bei Bildern.
→ S. 138

Seit den antiken griechischen Diskursen ist die Rhetorik als Kunst der Argumentation und der Überzeugung ein allgemein bekanntes Phänomen und gleichzeitig eine Strategie, die gegenwärtig angewendet, immer noch effektiv und offensichtlich ihren Zweck erfüllt. Derjenige, der in der Lage ist rhetorisch versiert und wirkungsvoll zu sprechen, wird sein Ziel – was auch immer das sein mag: eigene Interessen, politische Absichten oder Steigerung des Verkaufs – leichter erreichen, als ein schmucklos und rational Sprechender. Selbstverständlich gilt das auch für Schreibende. Auch der geschriebene Text kann rhetorisch mehr oder weniger eindrucksvoll ausgeführt sein.

Nun sollen Texte und Sprache unterschiedlichen Zwecken dienen Die Spannbreite reicht von informativen Texten (Gebrauchsanweisungen, Nachschlageverzeichnisse oder Gesetzestexte) bis hin zu literarischen Formen. Dabei dient die klassische rhetorische Ordnung – Erfindung (Inventio), Gliederung (Dispositio) und Gestaltung (Elocutio) – damals wie heute zur gültigen Formel, die unser Interesse weckt, da man sie seit der frühen italienischen Renaissance auch auf Bilder angewendet hat. Seit dieser Zeit wird der Ausdruck der Bilder mit dem der Sprache in Zusammenhang gebracht. Bilder fordern auf, gelesen zu werden.

2. Sprechende Bilder

Im Zusammenhang Bild und Sprache spricht man von Bildrhetorik, die in unserem Falle an unzähligen Beispielen aus der Kunstgeschichte gezeigt werden kann. Werfen wir einen Blick auf die

Kommunikation mit Bildern in unserer Gegenwart. Im Sinne der Rhetorik spricht ein Bild zu uns, womit gemeint ist, dass es mehr oder anderes meint, als das, was es offensichtlich zeigt. Wie ist das möglich? Ein Bild, das nur das meint, was es zeigt ist ein eindimensionales Bild. Es zeigt nur das, was man sieht. Es ist eindeutig und bedarf keiner Interpretation. Wenn wir von eindeutigen Bildern sprechen, dann sind damit institutionalisierte und dokumentarische Bilder, wie Passfotos, Beweisfotos oder Nachrichtenbilder gemeint, die in erster Linie über ihr Abbild informieren sollen. Wenn absichtsvolle Aussagen, sei es Werbung, Unterhaltung oder Überzeugung, in das Wesen der Bilder hinein interpretiert werden sollen, dann zeigen rhetorische Qualitäten ihre herausragende Rolle. Durch sie werden Bilder sowohl abgrenzbar als auch identitätsstiftend. Ob es sich dabei um analoge, digitale, bewegte oder multimediale Bilder handelt, spielt keine Rolle.

Das Prinzip ut pictura poesis erklärt sich durch eine Angleichung von Bild und Text.
→ S. 138

Auch in der Vergangenheit war den Menschen bewusst, dass Bilder einen Anspruch auf Sprache und Erzählung hegen. Die poetische Formel *ut pictura poesis* von Horaz meint genau dieses: Auch Bilder erzählen. Davon haben beispielsweise Analphabeten profitiert, wenn sie die christlichen Botschaften in Form von Wandmalereien und Altarbildern, die in den Kirchen dargestellt wurden, dann doch *lesen* konnten. Gemalte Botschaften waren das Salz in der Suppe der christlichen Kommunikation.

Die Voraussetzung der Kommunikation mit Bildern vor der Fotografie war einerseits die Unmöglichkeit der exakten natürlichen Darstellung, andererseits das zu gewissen Zeiten weit verbreitete Analphabetentum der Rezipienten. Immer trat das Problem auf, mit Bildern Geschichten erzählen zu müssen oder aber umgekehrt: Geschichten zu Bilder zu transformieren. Vor der Fotografie war die textlose Kommunikation ausschließlich mit unikaten Bildern möglich. Buchillustrationen waren selten, ihre Größe und

Abbildung 16: Teppich von Bayeux, zwischen 1077 und 1082, Wollstickerei/Leinen, Centre Guillaume le Conquérant, Bayeux.

Der kleine Ausschnitt des 50 cm hohen und 7 m (!) langen Teppiches zeigt die comichafte Aneinanderreihung von Geschehnissen, die per Bild und Text dargestellt sind.

Verbreitung begrenzt. Man musste lesen können und sich Bücher leisten können. Um so effizienter mussten die Strategien sein, die die Botschaften zum Publikum bringen sollte.

→ Klassische Rhetorik und rhetorische Figuren

Ursprünglich wurde die antike Rhetorik als Lehre der verbalen Kommunikation verstanden. In der Renaissance erhielt die triadische Leitvorstellung Einzug in das Komponieren von Bildern. Die Übersetzung der verbalen Rhetorik in die visuelle führte zur Trias: Nachahmung (Imitatio), Planung (Inventio) und adäquate Ausformulierung (Decorum). Man darf diese Übertragung aber nicht als identische Qualität in Form einer Gleichsetzung von Bild und Sprache verstehen. „Der Grund dafür ist seine (des Bildes) materielle Beschaffenheit und die daraus resultierende spezifische Art von Anschaulichkeit, die eine auf dem Sehen beruhende eigenständige Qualität der Sinneswahrnehmung ist" (Warncke, 1987, S. 23). Darunter fallen somit bildcharakterliche Eigenheiten, die der Sprache fremd sind, wie Gleichzeitigkeit des Abgebildeten, Illusionen, Interpretationen und alles, was Ernst Gombrich als den Anteil des Beschauers bezeichnet.

In einem illustrierten Handbuch von Hanno Ehses und Ellen Lupton wenden die Autoren die klassische Rhetorik auf Kommunikationsdesign an. Dabei werden die Schritte des rhetorischen Prozesses mit denen des Design Prozesses gleichgesetzt. Das ist bemerkenswert, weil es zeigt, inwiefern rhetorisches Vokabular sowohl theoretisch als auch praktisch verwendet werden kann. (Ehses, 1988)

→ ut pictura poesis

Das Prinzip ut pictura poesis spricht von einer Angleichung von Bild und Text. Es geht hier also um den bildlichen Beweis einer sprachlichen Aussage. Diese Strategie macht Bilder zu Wahrheitsträgern. Marek geht darauf wie folgt ein: „So ist aus der Sicht des ut pictura poesis eine Unterscheidung zwischen Texten der Dichtung und Ekphrasen gegenstandslos: Malerei und literarische Darstellung gelten als Schwesterkünste, die dieselben Themen behandeln und dieselben Ziele anstreben." (Marek, 1985, S. 11)

3. Wer nicht lesen kann, muss schauen

Die Narration bzw. Bilderzählung gilt als implizite Voraussetzung nahezu jeden Bildes – zumindest bis zur Moderne, die diese Grundforderung aufgegeben hat. Vor der Entwicklung des bewegten Bildes, bedurfte es einiger künstlerischer Tricks und Kniffe, um ein Bild wirklich erzählen zu lassen. Denn das, was einer Erzählung innewohnt ist neben der inhaltlichen vor allem die zeitliche Dimension, denn eine Erzählung suggeriert eine lineare oder hyperlineare Zeitfolge. Wie sollte man eine solche Zeitfolge ohne technische Geräte, wie Kameras, in Bildern umsetzen? Schon die Griechen hatten zwei Gottheiten, die die Zeit repräsentierten: Chronos und Kairos. Ersterer zuständig für die lineare, zweiterer für die punktuelle Zeitauffassung. Zeit als Modell zur Konstruktion von Weltauffassung lässt somit alternative Vorstellungen zu. Für die Darstellung der zeitlichen Dimension im Bild gibt es generell drei Möglichkeiten:

- Bildabfolge und Bildraumorganisation verlaufen synchron zur Bilderzählung und bilden so eine leicht dekodierbare bildliche Repräsentation von Zeitstrukturen. Diese wirkt sukzessiv. In diesem Verfahren wird die Darstellung von fließender, beschleunigter Zeit oder von Zeitsprüngen zum organisierenden Aspekt für die narrative Struktur der Bilder, so dass die Sukzession als zentrale Kategorie der Bilderzählung funktioniert. Zahlreiche historische Beispiele für Techniken wie Fresken, Grafiken oder Fotografien; Orte wie Räume, Tafelbilder oder Bücher liegen vor. Immer sollen Sachlagen, Geschichtliches, Aktuelles entweder als Dokumentation und Information dienen oder aber zur Überzeugung von Rezipienten fungieren.

Abbildung 17: Lucas Cranach der Ältere (1472–1553), Paradies, 1530, Kunsthistorisches Museum Wien.

Bei Lucas Cranach beobachtet man die Wiederholung der gleichen Personen in einem homogenen Landschaftsgefüge. Der Widerspruch zwischen der simultanen Darstellung der Figuren und dem einheitlichen Bildraum ist offensichtlich. Die Leserichtung der dargestellten Handlungen ist nicht nachvollziehbar.

- Das gesamte Geschehen wird innerhalb eines Bildes in verschiedenen Szenen simultan dargestellt. Die zeitlich nacheinander ablaufenden Momente werden gleichzeitig dargestellt, entweder in einer im Bildraum gestaffelten Anordnung, die eine gewisse Leserichtung vorgibt oder aber in scheinbar willkürlicher Lesbarkeitsanordnung. Sonderfälle bieten moderne Stilrichtungen, wie der Futurismus. Hier beobachtet man weniger das Konzept der Bildnarration, sondern es geht um eine Darstellung der Geschwindigkeit und Dynamik.

- Die Wahl des fruchtbaren Moments, ein programmatischer Begriff von Lessing Anfang des 18. Jahrhunderts, soll dem Betrachter ermöglichen, das Vorangegangene

Abbildung 18: Hagesandros, Athenedoros und Poydoros, Laokoon-Gruppe, Kopie aus dem 1. Jahrhundert nach Chr. nach einem Original von ca. 200 vor Christus, Vatikanische Museen, Rom.

Die Laokoon Gruppe stellt eine antike Geschichte in einer einzigen Szene dar, die den kompletten Hergang repräsentiert. Sie bietet quasi einen eingefrorenen Moment als Stellvertreter für einen komplexen Hergang.

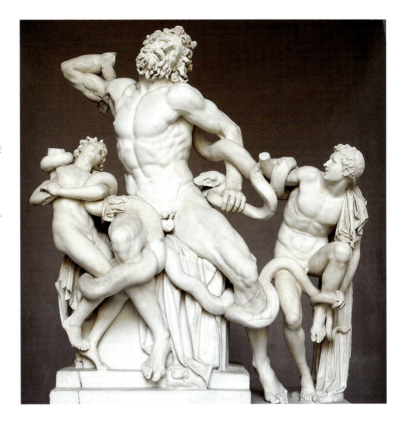

und das Nachfolgende hinzu zu denken. Hierbei ist es nicht nur ausschlaggebend, den richtigen oder aussagekräftigsten Moment zu wählen, sondern auch die einzelne Szene mit Hilfe zahlreicher künstlerischer Mittel so aufzuladen, dass sie wirklich spricht und die Geschichte beim Leser vor dem inneren Auge ablaufen lässt.

Lessing beschreibt den *Fruchtbaren Augenblick* an der Statue des Laokoon exemplarisch: der Künstler hat hier genau den Moment gefunden, in dem eine komplexe Geschichte, in diesem Fall die des Priesters Laokoon und seiner Söhne, in einem einzigen Augenblick zusammengefasst ist. Der Betrachter kann die Spannung im Geschehen nachempfinden, der Kampf ist in diesem Moment weder gewonnen noch verloren. Eine ambivalente Situation. Der Moment ist oft ein Augenblick der Prägnanz, der diesseits der höchsten Expressivität liegt.

FRUCHTBARER AUGENBLICK

Wenn der *Fruchtbare Augenblick* derjenige ist, mit dem eine ganze Geschichte erzählt werden kann – und das nur mit einer Situationsschilderung – dann hilft er vor allem dann, wenn ein Konzept oder eine Idee mehr ist, als nur eine Momentaufnahme. Die Zwickmühle einerseits der Überschneidung und andererseits der Parallelität von Bedeutungen von Texten (Zeit) und Bildern (Gegenständen) illustriert das Denkmodell *Fruchtbarer Augenblick* von Lessing. Es gilt den einen Moment zu finden, mit dem das Gefühl, das Verständnis und die Erkenntnis einer ganzen Geschichte, mit all ihrer Komplexität, vermittelt werden kann. Damit definiert sich der Zeitpunkt für den Einsatz dieser Methode in einer fortgeschrittenen Phase eines Konzeptionsprozesses. Es existieren schon die ersten Ideen und sogar auch die passenden ersten Prototypen für mögliche Umsetzungen. Die Teilnehmer sind in der Phase der Präsentationsvorbereitung.

Und so funktioniert es:

1. Das Konzept wird in dem Detailgrad, den es zum jetzigen Zeitpunkt hat, als Begriffe oder Bilder auf dem Template in einen Filmstreifen eingetragen.

2. Ist man sich über die verschiedenen, prägenden Szenen des Konzeptes einig, sucht man gemeinsam in der Gruppe nach den Inhalten (basierend auf den Szenen), die ein gutes, repräsentatives Gefühl für das komplette Konzept vermitteln können.

3. Ist man sich einig, wird gemeinsam im oberen großen Feld des Templates der *Fruchtbare Augenblick* dargestellt. Per Collage, als Zeichnung, im geschriebenen Wort: die Darstellungsart ist unerheblich, der gewünschte Effekt muss erzielt werden.

Template Fruchtbarer Augenblick
Als Download auf: www.creating-innovation.com

Formulierung für das Briefing

Die Teilnehmer sollen sich nicht an Details festbeißen. Es geht immer noch um erste, schnelle Prototypen einer Idee oder eines Konzeptes. Und eben für das Testen dieser schnellen Prototypen eignet sich der *Fruchtbare Augenblick* besonders gut. Ziel ist es, den einen Moment in der Customer Journey der Idee zu finden, in dem alle Attribute der Idee zur Geltung kommen, in dem mit nur einer Szene erklärt werden kann, warum diese Idee greift und relevant ist.

Zur Vorbereitung

Dauer: 60–90 Minuten
Gruppengröße: mind. 2, max. 4 Personen
Material (pro Gruppe):
- Template *Fruchtbarer Augenblick*
- Schwarzer Fineliner und Marker (optional Farben)
- Bleistift
- Radiergummi
- Klebezettel

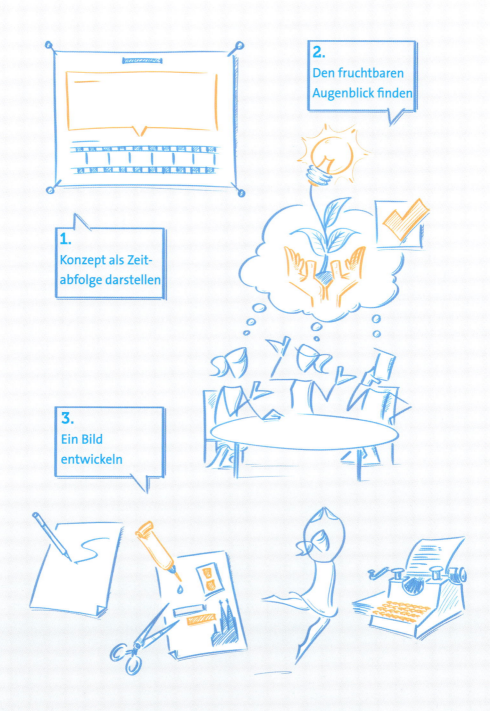

Die Moderne versagt sich in einem hohen Maße der Bilderzählung. Der Inhalt der Bilder soll nicht erzählen. Die formalen Mittel und die inhaltliche Bedeutung der selbstreflexiven Strukturen moderner Bilder sind die Wesenseigenschaften des Bildnerischen selbst. In den letzten Jahrzehnten des 20. Jahrhundert tritt aber erneut der Wunsch und die Bereitschaft auf, visuell zu erzählen. Besonders die Vielfalt und die medialen Besonderheiten von Fotografie, Video und Multimedia bis hin zum frühen Internet lassen innovative Erzählkonzepte in den visuellen Künsten aufkommen. In diesem Umfeld entstehen Begriffe wie Rhizom, Hypermedia (Hypertext), interaktive Kommunikation, verteilte Autorenschaft oder kollektives Erzählen, die allesamt auch auf die Art und Weise von narrativen Möglichkeiten medialen Erzählens abzielen. Extreme Verlangsamungen oder Zeitraffer, Verschränkungen von nichtlinearen Elementen und experimentelle Derivate von bekannten Formaten aus Fernsehen oder Kino stellen einige Schwerpunkte des unerschöpflichen Fundus medialen Erzählens dar. Andy Warhol ist sicherlich einer der Ersten, der Mitte der 60er Jahre Narration im Film thematisiert, in dem er sich dieser versagt. Außer dem Fortgang der Tageszeiten und den Wetterveränderungen sieht man das Empire State Building acht Stunden lang aus einer einzigen ungeschnittenen Einstellung (Empire, 1964, 485 min). Ebenso filmt Warhol einen Schlafenden (Sleep, 1963, 321 min).

Bill Viola dagegen filmt Personengruppen, die dadurch, dass sie sich extrem langsam bewegen, unmerklich mit barocken Gemälden und deren Anmut in Verbindung gebracht werden (The Greeting, 1995, 10 min). Die Personen scheinen trotz dramatischer Gesichtsausdrücke und expressiven Gesten nahezu still zu stehen.

4. Bilder als Dramaturgien

Die oben genannten unterschiedlichen visuellen Erzählstile zeigen in ihren historischen Kontexten wie Kommunikation in Kulturen ausdifferenziert werden kann. Leiterzählungen, wie Texte aus der Bibel oder antike Geschichten wurden mit Bildern vermittelt. Sprechen wir heute von Bilderzählung fällt sofort der Begriff des Comics. Die Kultur des Comics ist mittlerweile eine allgemein anerkannte Gestaltungsform, die es an einigen Stellen ins Museum schafft, und auch als Massenmedium seinen Platz im Kommunikationsgefüge der Medien inne hat. Inwiefern man auch historische Bilderzählungen, wie z.B. als Malerei (Giotto di Bondone: 28 Szenen aus dem Leben des Hl. Franziskus, 1290–1295, Assisi) oder als Holzschnitte (Albrecht Dürer: Das Marienleben, 1501–1511) als Comics bezeichnet oder als deren Vorformen benennt, sei dahingestellt.

Gegenwärtig häufiger verwendet greift der Begriff Storytelling in den Bereich der visuellen Erzählung. Storytelling findet man in vielen Bereiche der Kommunikation, wie in Unternehmen, im Management, in der Werbung, in der Bildung, aber auch im Film oder in subkulturellen Strömungen. Kern des Storytellings als Methode ist die Einbindung der Rezipienten in eine Geschichte. Menschen können sich Zusammenhänge leichter merken, wenn diese in einen zeitlichen Ablauf mit visuellen Ankerpunkten und sprachlichen Metaphern eingewoben sind. Denn wir denken in Bildern und sind in der Lage Bilder über Erinnerungsleistung zusammenzufügen, wenn wir uns an eine Erzählung erinnern.

Dabei spielt die Gestaltung – neben dem Inhalt einer Geschichte – die wesentliche Rolle. Jede Geschichte hat sowohl einen Inhalt als auch einen Ausdruck. Der amerikanische Film- und Literaturkritiker Seymour Chatman bezeichnet den Inhalt als

Zusammenstellung von Charakteren, Handlungen und Umgebungen (Chatman, 1978). Der Ausdruck – man könnte diesen auch das Design nennen – einer Geschichte ist für ihn im Gegensatz zu den inhaltlichen Komponenten wandelbar. Immer wieder beliefert uns Hollywood mit dem Gleichen in neuen Kleidern. King Kong, Dracula und die gesamte Superhelden Riege sind nur einige Protagonisten, die mit technischen Effekten als redesignte Varianten in unregelmäßigen Abfolgen inszeniert werden. Starke Identitäten werden zu dem, was sie sind, nicht zuletzt durch die Geschichte, die mit ihnen verbunden wird.

→ Das Potenzial des Comics

Als herausragende Arbeit über Comics sei hier auf die Publikationen von Scott McLoud: Making Comics (McLoud, 2006) verwiesen. McLoud zeigt anhand eines Comic, wie man mit Bildern erzählt. Comics werden aber auch in der Bildwissenschaft und -forschung thematisiert. Daneben sind comicartige Bilderzählungen in der grafischen Begleitung von organisatorischen und strategischen Prozessen seit Jahrzehnten populär und wirkungsvoll.

INNOVATION COMIC

Der *Innovation Comic* bietet sich immer dann an, wenn eine Idee schon einen gewissen Reifegrad erreicht hat. Er dient als eine der ersten Prototypen – nach den *Flipchart Sketches* – der Vertiefung und der Detailierung. All seine Stärken kann der Comic dort ausspielen, wo es um die sogenannten *User Journeys* geht. Zeitliche Abfolgen der Reise des Kunden (eine Reise, die die unterschiedlichen Berührungspunkte mit einem Service einer Marke oder einem Objekt darstellt), Prozess Schritte, unterschiedliche Orte, Bewegung oder der Verlauf einer Interaktion lassen sich somit wunderbar, als einfache und zugängliche Comicstruktur darstellen. Mit der allgemeinen Methode des Storytellings selber helfen wir unserem Gegenüber das Erzählte schneller zu begreifen und Zusammenhänge zu verstehen, die bei einer normalen Präsentation vielleicht nicht offenkundig geworden wären.

Der Gedanke: *Stimmt, dass habe ich auch mal erlebt*, wird in den Teams oft ausgesprochen. Aber der *Innovation Comic* macht noch mehr. Durch die visuelle Form der Erzählung eröffnet der Comic eine weitere Dimension der Wahrnehmung. Plötzlich können wir auf einen Blick ein ganzes Konzept, mit dessen unterschiedlichen Facetten, Orten, Zeiten, Teilnehmern etc., wahrnehmen. Dabei sind die besten *Innovation Comics* nicht diejenigen, die perfekt gezeichnet und in Szene gesetzt wurden, sondern die, die eine tolle Story mit einem validen Fluss der Geschichte erzählen. Eine solche nachvollziehbar fließende Geschichte hat die gleichen Eigenschaften, wie diejenigen, welche ein gutes Konzept oder eine hervorragende Idee ausmachen.

Beispiel aus der Praxis: „Seitdem wir uns angewöhnt haben, neue Ideen für Customer Centric Services direkt als schnellen Comic zu visualisieren, sind wir viel besser darin geworden, eine stimmige Customer Journey zu kreieren!" Dieser Kunde hatte viele Produkte und Services, die stetig weiter entwickelt werden sollten. Die Umstellung der Denkweise von Produkt-Fokus auf Kunden-Fokus war maßgeblich für den *Innovation Comic*.

Und so funktioniert es:

1. Es wird entweder das fertige Template, nur das Raster zum selber gestalten oder einfach ein weißes Blatt Papier, das Sie vollkommen frei bearbeiten können, genutzt.

2. Mit Klebezetteln wird zuerst der Ablauf der Geschichte an der Wand oder auf dem Tisch gestaltet. *Welche Schritte müssen dargestellt werden? In welcher Beziehung stehen die einzelnen Szenen? Was muss darin enthalten sein? Mit welcher Szene wollen wir enden?* Die Klebezettel helfen sehr dabei, flexibel im Kopf zu bleiben. Es ist einfacher die Reihenfolge zu ändern, wenn man nur ein paar Zettel verschieben muss, anstatt auf einem Blatt Papier zu radieren, durchzustreichen, mit Pfeilen neue Plätze zuzuweisen.

3. Wenn die Geschichte funktioniert und von der Gruppe als gut empfunden wird, beginnt die Übertragung in das

Template Innovation Comic
Als Download auf: www.creating-innovation.com

Comic. Eine Empfehlung für den ersten Schritt: Bleistifte eignen sich am besten, um die Szenen anzulegen und zu übertragen. Dann lässt sich alles einfach wegradieren und niemand muss sich ärgern, dass sich beim letzten Panel abzeichnet, dass doch noch einiges geändert werden sollte.

4. Der Prozess der Änderungen, Anpassungen und Platzierung ist ein wichtiger Bestandteil dieser Übung. Nicht umsonst wird im englischen hier gerne der Begriff *Processing* genutzt. Während über die Anordnung der Szenen, deren Gewichtung und Inhalt sowie über den Flow diskutiert wird, geschieht eine Konsolidierung des Konzeptes in den Köpfen der Gruppe: dem Erkenntnisgewinn der systemischen Intelligenz der Arbeitsgruppe. Alle gemeinsam erreichen bei dieser Übung eine Identifikation und ein Verständnis für das Konzept, die über die jedem Einzelnen innewohnende Erkenntnis hinaus geht. Als Team wächst eine Gruppe bei dieser Übung zusammen.

5. Wenn alle zufrieden mit der Vorzeichnung des Comics sind, wird es in zügigem Tempo ohne zu viele Details zu ergänzen mit schwarzem Strich nachgezogen. (Je nach der Gewohnheit und der Arbeitsweise der Teams kann hier auch Schatten und Farbe ins Spiel kommen. Das hängt vor allem auch mit der gegebenen Zeit zusammen. Soll es schnell gehen? Dann nur Linien.)

6. Es ist ein perfekter Abschluss für diese Methode, wenn die entstandenen *Innovation Comics* an der Wand als Bildergalerie ausgestellt werden. Comic für Comic kann die gesamte Gruppe entlang gehen und die Geschichte von den Erschaffern erzählt bekommen.

Formulierung für das Briefing

Schrauben Sie die Erwartungen nicht zu hoch. Es sollen (wie immer) keine Kunstwerke entstehen. Es sollen tolle Konzepte und Ideen visualisiert werden, damit sie als Geschichte wahrgenommen und erzählt werden können. Erklären Sie vor Beginn der Arbeit alle Schritte im einzelnen ganz genau. Nichts hindert die Kreativität mehr, als dass eine Gruppe meint direkt im Comic Panel mit einem schwarzen Marker loslegen zu müssen. Alles hat seine Zeit! Machen Sie explizit klar, dass die Comics nachher ausgestellt werden. Es hilft, wenn man ein Publikum vor Augen hat, für das man diesen *Innovation Comic* entwickelt.

Zur Vorbereitung

Dauer: 60–100 Minuten
Gruppengröße: mind. 2er Gruppen, max. 4er Gruppen
Material (pro Gruppe):
- Template *Innovation Comic*
- DIN A4-Papier (zum rumskribbeln)
- Klebezettel
- Permanent-Marker für jeden Teilnehmer
- Bleistift
- Radiergummi

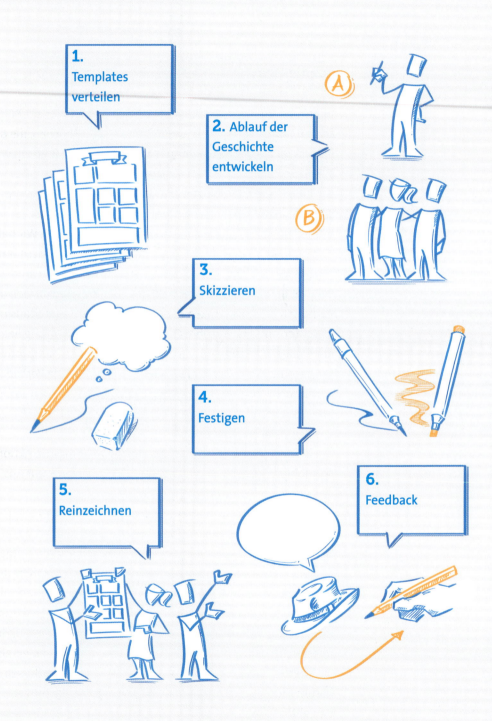

5. Überzeugung und Manipulation

In Zeiten ubiquitärer Bildkommunikation, wo auf jedem Bildschirm und jeder Straßenecke Botschaften auftauchen, die den Betrachter zum Konsumenten oder Gefolgsmann machen wollen, spielt die Rhetorik des Bildes eine herausragende Rolle. Begreift man die Rhetorik als Mittel von Gestaltung per se, dann eröffnet sich ein unendliches Feld für die Gestaltung multimedialer Kommunikation als auch für Industrie- und Objektdesign. Wir haben es hier also nicht mit einem Nebeneffekt zu tun, sondern um ein „Hauptkennzeichen von Design", wie es Gui Bonsiepe (Bonsiepe, 2009, S. 132) zu Recht anmerkt. Bilder und Objekte formen das Verhalten und das Denken der Menschen. Weil sie weitaus mehr bedeuten, als das, was ihre Oberfläche zeigt. Bedeutung liegt nicht in den Dingen, sondern wird in diese hinein interpretiert. Dinge (oder Bilder), die eine Entscheidung oder eine Veränderung hervorrufen, sind – im Sinne Bruno Latours – Akteure (Latour, 2007, S. 123).

Die Intention mit Bildern zu gestalten heißt demnach, Aktionen, Meinungen und Überzeugungen hervorzurufen, die auf Aussagen durch Zeichenhaftigkeit Aufmerksamkeit erzeugen. Diese Aufmerksamkeit tritt immer nur dann zutage, wenn eine gewisse Brisanz und *Sprachfertigkeit* der rhetorischen Mittel gegeben ist. Befindet man sich im Logo- und Werbedschungel von Fußgängerzonen oder auf mittelmäßigen Internetseiten, dann ist diese gestalterische Brisanz nicht zu erkennen. Willkür und Beliebigkeit wiederholen nur das, was man kennt, und werden damit unsichtbar und wirkungslos. Die strategische Arbeit mit Bildern und Zeichen im Sinne interessanter Gestaltung kann niemals auf rhetorische Finessen verzichten. Dabei geht es nicht selten darum Menschen zu überzeugen, Dinge zu tun, die fern ab von den alltäglichen Gepflogenheiten außerhalb des Bekannten und

Gewohnten liegen. In diesen Gefilden verbergen sich oft neue Möglichkeiten, Alternativen und Chancen.

Die Überschreitung einer von der Antike markierten Konvention durch die spanische Renaissance-Gesellschaft erinnert heute noch an die Tatsache, dass Innovation nur dann möglich ist, wenn man Grenzen überschreitet. *Plus Ultra* ist das Emblem, was sich bis heute in der Nationalflagge Spaniens befindet. Dem griechischen Dichter Pindar zufolge markierte Herakles die Meerenge von Gibraltar mit zwei Säulen und der Inschrift *Non plus ultra*. Damit sollte vor dem Ende der Welt auf dem in Gibraltar beginnenden Ozean gewarnt sein. Die Renaissance in Spanien verwandelte das Verbot in das Gebot *Plus ultra*, dessen Aussage die Erfolge der spanischen Seemacht unterstreichen sollte. Diese neue Inschrift wurde als Spruchband zwischen den Säulen des Herakles dargestellt, und erinnert heute noch an die Tatsache, dass Innovation nur dann möglich ist, wenn man Grenzen überschreitet.

Abbildung 19: Das Wappen in der spanischen Flagge stellt neben der Krone der Monarchie und den Wappen der historischen Teilreiche, aus denen Spanien entstanden ist, die Säulen des Herakles mit dem Spruchband Plus Ultra dar.

PLUS ULTRA

Die Kraft der Erzählung bietet eine starke Bindung für die Erinnerung des Rezipienten. Bilder und Geschehnisse, die in eine Geschichte eingebunden werden, können schneller abgerufen werden: man kann sich besser erinnern. Würde man die gleichen Informationen ohne narrative Elemente einfach nebeneinander stellen, dann fiele Erinnerung schwerer oder wäre schlicht unmöglich. Sprechende Bilder ersparen komplizierte Worte und Texte.

Das Werkzeug *Plus Ultra* soll ermöglichen, geeignete Metaphern zu finden, um ein Thema begreifbar zu formulieren. Metaphern vereinen zwei wichtige Eckpfeiler der Kommunikation miteinander – das Geschichten erzählen auf der einen Seite und die Kraft, ohne viele Worte auszukommen auf der anderen Seite. Sie bieten die Möglichkeit, ein recht abstraktes Thema auf eine Ebene zu bringen, auf der (fast) jeder es verstehen kann (zumindest in seinen Grundzügen). Metaphern sind nicht immer universell einsetzbar und es bedarf des Vermögens sehr gut hinzuhören und offene Fragen zu formulieren, um die passende Metapher zu finden.

Beispiel aus der Praxis: Einem norddeutschen Unternehmen hat die Metapher Seereise geholfen ihre strategische Reise in die

Zukunft allen Beteiligten vom Management bis in den operativen Bereich deutlich zu machen. Noch besser konnte dieser Prozess mit der Metapher der Bergreise erklärt werden, durch die sich Schwierigkeiten und Mühen besser darstellen ließen. Die verschiedenen Etappen der Anstiege, mit Steilhängen, Wanderrouten, Brücken und Stolpersteinen machten es unmittelbar spürbar, in welch herausforderndem Prozess sich das Unternehmen befand. „Die Bergreise erfordert eine andere Art der Zusammenarbeit als die auf einer Seereise nötigen Eigenschaften. Das hat für uns viel besser gepasst, obwohl wir vorher immer nur in der Symbolik der Seefahrt gedacht und gehandelt haben", bemerkte einer der Beteiligten eines Organisationsteams.

Und so funktioniert es:

1. Es gibt zwei Möglichkeiten diesen Prozess zu starten und zu begehen. Der eine Weg ist es, komplett frei zu arbeiten und der andere bedient sich unserer Metaphernkarten. In beiden Fällen beginnt das Werkzeug mit einer Gesprächsrunde am Tisch im Halbkreis an einer Wand mit nicht mehr als 5 Teilnehmern pro Gruppe.

2. Den Teilnehmern werden zunächst spezifische Rollen zugeordnet. *Der stille Sammler:* Er sammelt alle Begriffe und Formulierungen, die auf Bilder und Metaphern hindeuten. *Der fragende Metaphoriker:* Er fragt beständig nach, was genau gemeint ist und versucht das Gespräch so bildhaft wie möglich zu gestalten. *Der Themenspezialist:* Er kümmert sich darum, dass immer und trotz allen Bemühungen, das eigentliche Thema nicht aus den Augen verloren geht. Die beiden anderen haben keine zugeordnete Rolle und können frei entscheiden, wie und was sie beitragen.

3. Die Teilnehmer tauschen sich zunächst über die Aufgabenstellung, die Herausforderung oder das vorliegende Problem aus. Das kann hauptsächlich verbal geschehen, gerne untermauert mit der einen oder anderen schnellen Skizze oder Symbolik. Währenddessen kommen die Teilnehmer mit den zugeordneten Rollen ihrer Aufgabe nach. Dieses Gespräch sollte nicht länger als 15 Minuten dauern.

4. Danach formuliert der *stille Sammler* seine Beobachtungen und teilt sie mit der Gruppe. Gemeinsam werden Schwerpunkte an der Wand notiert. Als Unterlagen dient ein großes, weißes Blatt Papier in Pinnwand Größe. Die Notizen erfolgen auf Klebezetteln.

5. Anhand der notierten Bildsprache werden die passenden Metaphern gewählt. Sei es die Bergreise, die Seefahrt, der Weltraum, die grüne Hölle, das Paradies, die Safari, die Forschungsstation in der Arktis, der Weltraum, die Existenz von Paralleluniversen, die Stadt, das Labor oder was ihnen noch einfällt. Mit Hilfe der für dieses Werkzeug eigens entwickelten Metaphernkarten gehen sie wie folgt vor:

6. Die Teilnehmer suchen sich anhand der Übersichtskarten die passende Basis-Metapher aus. Diese Karte wird oben links an das Papier gehängt.

7. Nach dieser Auswahl bedienen sich die Teilnehmer des Metaphern-Baukastens passend zu der gewählten Basis-Metapher. Mit den einzelnen Bildkarten setzen sie sich ihre ganz eigene, passende Metapher zusammen. Dem fragenden Metaphoriker wird hier die Aufgabe zuteil, immer wieder offene Fragen zu stellen. Wie zum Beispiel: *Ihr sprecht über einen Weg. Was ist das für ein Weg? Wie ist er beschaffen? Wo führt er lang?*

oder *Wenn Ihr Berg sagt, was meint ihr damit? Ist das ein Solitär wie die Zugspitze oder eher etwas wie die Alpen oder ein Plateau? Groß oder klein?* Und so wird die Metapher immer präziser und entspricht auch wirklich den Vorstellungen des Teams. Sollten einmal die Karten etwas nicht ganz exakt so darstellen, wie es sich die Gruppe vorgestellt hat, wird zum Stift gegriffen und entsprechend ergänzt oder korrigiert.

8. Wenn mit mehreren Gruppen an dieser Übung gearbeitet wird, brauchen wir zum Abschluss eine Konsolidierungsrunde. Die Gruppen stellen sich gegenseitig ihre Metaphern vor und lassen die gesamte Gruppe entscheiden, mit welcher Metapher sie weiter arbeiten möchten. Das muss und kann nur im Diskurs geschehen. *Vielleicht kommt ja jemand auf die Idee, mehrere Metaphern miteinander zu verschmelzen?*

Zur Vorbereitung

Dauer: 60–90 Minuten
Gruppengröße: Fünfer Gruppen
Material (pro Gruppe):
- Metaphern-Karten
- Notizblöcke
- Klebezettel
- Permanent-Marker für jeden Teilnehmer
- Pinnwand
- Pinnwandpapier

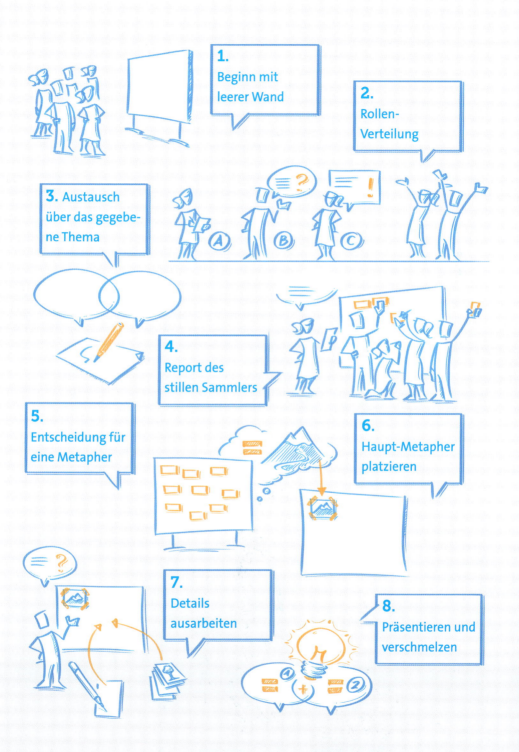

„While great art makes you wonder,
 great design makes things clear."
 John Maeda

1. Zwischen Naturnachahmung und Individualismus

Texte zur Naturnachahmung beginnen häufig mit der Erzählung von Zeuxis und Parrhasios von Plinius. So auch hier. In diesem Malerwettstreit ging es nicht nur darum den Gegner derart zu täuschen, dass dieser die Malerei von der Wirklichkeit nicht mehr zu unterscheiden vermochte. Parrhasios gewann, dadurch, dass Zeuxis einen von ihm gemalten Vorhang zur Seite schieben wollte. Für Platon sind die Ideen, nicht die materielle Welt und damit auch nicht die Kunstwerke, hauptsächlich dafür verantwortlich, wie und was wir mit unserer Welt anstellen und wie wir diese begreifen. Die Darstellung der Welt durch Kunstwerke – seit der Antike als Mimesis bezeichnet – ist mangelhaft, da diese nur eine unvollendete Scheinwelt des Natürlichen oder des Ideellen sein können.

Auch für Aristoteles ist Kunst Nachahmung. Mimesis meint bei Aristoteles nicht die Kopie eines Wirklichen, bei der der Unterschied zwischen Vorbild und Nachbild nach Möglichkeit verschwinden soll. Mimesis ist Nachbilden und Verändern in einem. Die Natur nachahmen heißt hier nicht bloß Kopieren. Das künstlerische Abbild soll das Vorbild um die Verstellung und Ausdrucksweise des Autors ergänzen. Im Gestaltungsprozess entsteht dabei etwas Neues: Eine Sublimation von Vorbild und Anschauung des individuellen Interpreten. Hinzu kommt die Rezeption des dargestellten Werkes. Die Kunst entsteht im Zusammenwirken mit der Wahrnehmung des Rezipienten. Damit verlagert sich das mimetische Verhältnis. Die Anschauung des Rezipienten vermischt sich mit der Darstellung des Autors und schafft so ein neues, wandelbares mimetisches Modell. In der Geschichte verändern sich die Anschauung von Natur, die Autonomie von Autorenschaft und der Anteil des Rezipienten häufig. Im Mittelalter galt die Kunst

Abbildung 20 rechts: Gerrit Dou, Selbstportrait mit Palette in einer Nische, ca. 1660–1665, Museum Louvre, Paris.

Dieses barocke Selbstportrait eines Malers zeigt drei Bildebenen, die so naturalistisch dargestellt sind, dass der Eindruck entsteht, die abgebildete Person tritt aus der Bildwirklichkeit heraus.

Abbildung 21 unten: Franz Gertsch, Marina schminkt Luciano, 1975, Acryl auf Baumwolle, Museum Ludwig, Köln.

Die Größe (6 m² !) der fotorealistischen Malerei von Franz Gertsch trägt genauso wie das Motiv, was sehr spontan und zufällig wirkt, zur verblüffenden Wirkung des Bildes bei.

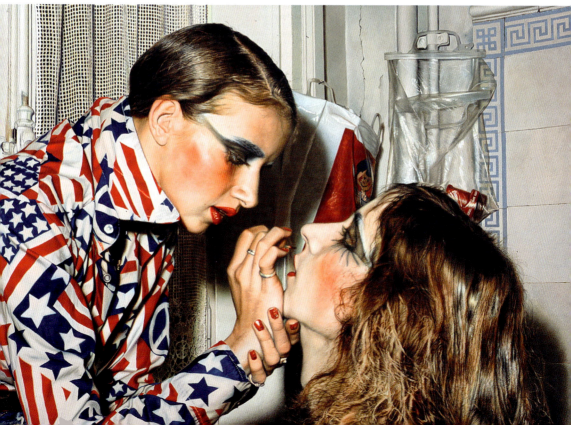

ausschließlich als Nachbildung eines göttlich Vorgedachten. Autoren waren ebenso wie Interpretationsvielfalt unwichtig. Nachahmung meinte mehr als die bloße Imitation des Äußeren der Kunst, sondern zielte auf das übergeordnete Prinzip eines Schöpfers und dessen allmächtige Wirkung. Im Mittelalter legte man keinen Wert auf die Ähnlichkeit von Äußerlichkeiten und Bildinhalten. Mehr oder weniger alle Bilder verwiesen auf die biblischen Erzählungen und waren so kanonisch eingebunden in die christliche Programmatik. Bilder sollten bestehende Texte für Analphabeten verständlich machen. Dabei spielte Ähnlichkeit und individuelle Handhabung von Künstlern keine Rolle. Das einzige Ziel war es die göttliche Botschaft zu vermitteln. Das geschah zum größten Teil über allgemein bekannte Symbole: Die Figur des Petrus wird mit einem Schlüssel dargestellt, der heilige Johannes in einem Fellumhang, Sebastian mit Pfeilen im Körper usw. Um heilige Personen kenntlich zu machen erhielten sie einen Heiligenschein, um eine Abfolge in Geschichten zu zeigen, werden Bilder mit den Protagonisten und deren Handlungen in aufeinanderfolgenden Kästen (wie Comics) dargestellt. Man konnte weder von Kunst noch von Künstlern sprechen, wie wir sie heute verstehen (Kapitel Stories). Dabei fand Abstraktion nicht auf dem Wege der Individualität des eines sich selbst legitimierten Künstlers sondern über den Umweg der Symbolik und festgelegter Darstellungselemente statt. Das Ziel war stets abstrakte Spiritualität und Glaube zu visualisieren. Heiligenscheine, Himmelsansichten, die Hölle, der Heilige Geist usw. wurden zwar nicht abstrakt aber symbolisch gezeigt.

Sowohl die absolute Mimesis – also die deckungsgleiche Abbildung mit einem realen Referenten – als auch die absolute Abstraktion als völlige Abwendung von jeglicher Interpretation und Suggestion als Abbild sind unmöglich. Bei beiden würde die Bildlichkeit als Nichtbild in der Unkenntlichkeit entweder als

Natursimulation oder des undefinierbaren Nichts verschwinden. Extreme Abstraktion benötigt Erklärungen und Anmerkungen. Ein Readymade in Form eines Urinals ist nur dann als Kunstwerk auszumachen, wenn es in einer Institution wie Galerie oder Museum auftaucht. Auf der Straße würde es als vergessen oder verloren interpretiert. Extreme Mimesis tötet jegliche Fantasie und lässt dem Betrachter keinen Spielraum für eine Identifikation einer eigenständigen Gestaltung. Somit liegt die gute gestalterische Mitte irgendwo dazwischen. Wichtig ist aber auch, dass trotz dieser extremen Gegensätzlichkeit bei jeder Art von visueller Gestaltung immer beide Pole eine Rolle spielen. Dies ist nur eine allzu logische Schlussfolgerung, da ja beide als Ausschließlichkeiten niemals existieren könnten. Es gibt verschiedene gute Gründe, warum etwas stärker mimetisch oder stärker abstrahiert werden kann oder soll.

Versucht man Mimesis und Abstraktion eindeutig zu klären, dann erkennt man, wie inkonstant die beiden Begriffe im Verlaufe der Zeit interpretiert wurden. Auch werden diese in unterschiedlichen Kontexten, wie Literatur oder Soziologie auch außerhalb des Kunst- oder Gestaltungskontextes angewendet. Scheint der Begriff Mimesis seine Dominanz in antiker Bildauffassung zu manifestieren, so wird Abstraktion eher mit Strömungen der modernen Kunst in Verbindung gebracht. Wie aber schon erwähnt, zeigen wir die Begriffe hier als den Grad der Bildauffassung von der Naturnachahmung und dem genauen Gegenpol der freien Interpretation über historischen Epochen bis in die Gegenwart. Dabei stützen wir uns auf die große Leistung der Kunsthistoriker, und -kritiker, die die Evidenz von abstrakten Bildern hinsichtlich ihres Deutungshintergrund betonen. Denn auch abstrakte Bilder verschließen sich nicht einer Deutung. Wenn wir in der Lage sind nicht abbildhafte Zeichen zu lesen, dann gilt dies auch für nicht gegenständliche Bilder.

Abbildung 22: Camera Obscura, 1671, Kupferstich nach Athanasius Kircher.

In einer Camera Obscura bildet das Licht, das durch eine Öffnung einfällt, die Außenwelt, wenn auch auf dem Kopf stehend, sehr genau auf der gegenüberliegenden Seite der Öffnung ab.

→ Postmoderne Extreme

In der postmodernen Kunst war sowohl die Totalitarität der Naturnachahmung als auch deren Verweigerung ein zentrales künstlerisches Thema. Der Vorläufer für das Readymades von Marcel Duchamp aus den 10er Jahren des 20. Jahrhunderts bot den Postmodernen einen extremen Eckpunkt für ihr künstlerisches Thema. Kunst, die nicht mehr von einem Autor geschaffen wurde, sondern als industrielle Ware von einem Künstler zum Kunstwerk erhoben wurde. Yves Klein übertraf dieses spartanische Prinzip 1958 als er in der Galerie Iris Clert einen völlig leeren weißen Raum – und damit nichts ausstellte. Ist das die höchst möglichste Abwendung vom abbildenden Kunstwerk? Sicherlich handelt es sich aber um einen frühen Ausdruck postmodernen Gedankenguts.

Die Kunstprodukte der zweiten Hälfte des 20. Jahrhunderts spielen mit allen möglichen Formen, Medien, menschlichen Körpern, alltäglichen Gegenständen und sozialen Beziehungen. Dabei geht es immer um Extreme, um Neues, um noch nicht Dagewesenes. Das prinzipielle Merkmal postmoderner Kunstproduktion ist die Frage, ob Kunstwerke gerade wegen Abweichungen von tradierten Techniken und Ausdrucksgesten als solche gelten und damit als Bestand des Kunstsystems akzeptiert werden.

2. Warum die Realität nicht immer die gleiche ist

Ernst Gombrich beschäftigt sich in *Kunst und Illusion* mit der zentralen Frage, inwiefern der Stil der Realitätsabbildung durch die Kunstgeschichte hinweg immer anders dargestellt wird. „Woher kommt es, dass verschiedene Zeiten und Völker die sichtbare Welt in so verschiedener Weise dargestellt haben?" (Gombrich, 1960, S.3) Liegt es am Sehen (Kapitel Ästhetik), ist es reines Können, das sich über Jahrtausende entwickelt hat (z. B. die Projektion eines dreidimensionalen Raumes auf eine zweidimensionale Fläche, die von Alberti erstmals im 15. Jahrhundert beschrieben wurde) oder sind die künstlerischen Stile auf die Art und Weise zurückzuführen, wie man in einer Epoche gedacht hat und somit von welchen Konventionen und Lehren die Bildautoren geleitet waren? Warum unterscheidet sich die Naturdarstellung eines Raffaels so deutlich von den Bildern von Turner? Das führt uns zur Frage des Stils. So wenig die Realitätsauffassungen z.B. der holländischen Malerei des Goldenen Zeitalters mit der italienischen Malerei der Frührenaissance gemeinsam haben, umso konsistenter sind diese Stile aber in sich. Jede Zeit prägt ein spezifisches Formenvokabular aus und zusätzlich ihre Methode, wie dieses verbreitet und weitergegeben wird. Mönche in Klöstern, Rembrandt und seine Werkstatt als Unternehmen oder die Salons im 19. Jahrhundert sind Keimzellen von Bilderproduktionen, die auf unterschiedlichen Techniken, Vermittlungsformen, Referenzsystemen und gesellschaftlichen Umständen begründet sind. Damit entstehen Ansichten und auch Zweckgebundenheiten, die Realitäten erschaffen, die unserem historischen Blick als different aber durchaus verständlich erscheinen.

Der Maler David Hockney entdeckte bei seinen Nachforschungen über die Techniken der alten Meister einen Qualitätssprung

Anfang des 15. Jahrhunderts (Hockney, 2006). Er begründet diese neue Realitätsdarstellung mit der Einführung von optischen Geräten, die den Malern als Hilfsmittel dienten, um ihre Bildmotive zu verfeinern. Waren es anfänglich Linsen und Spiegel, so entwickelten sich nicht nur die Techniken über die Camera obscura bis hin zur Fotografie immer weiter, sondern ebenso der künstlerische Blick. Die Möglichkeit die Realität so abzubilden, wie sie uns erscheint ist nicht nur ein Prozess, der Stile entstehen lässt, sondern wird auch durch mediale technische Apparaturen bestimmt. Das Verhältnis des Betrachters zur Außenwelt kann nur anhand von Modellen ausformuliert werden. Diese sind wiederum Folgen von technischen Apparaturen oder Kenntnissen, wie der Camera obscura oder der Konstruktion der Perspektive. Einen Stil könnte man als Summe der Sichtweisen auf die Welt definieren, der zu einem bestimmten Zeitpunkt anhand von technischen oder gesellschaftlichen Gegebenheiten ausformuliert wird. Denkt man an heutige 3D-Software, die die Welt anscheinend immer realistischer nachahmen kann, dann sieht man sehr schön, inwiefern diese Realitäten an die technischen Konfigurationen gebunden sind. Vom Trickfilm der 30er Jahre, der auf bloße Bewegung und Synchronisation von Bild und Ton, fokussiert war bis zu aufwendigen digitalen Kinoproduktionen heute, sind Stile immer Produkte der Errungenschaften eines bestimmten Zeitraumes. Könnte ein Bildmedium wie die Fotografie beispielsweise Anspruch auf uneingeschränkte Realitätstreue erheben, dann gäbe es keine Stile in der Fotografie.

3. Fotografie = real, Malerei = abstrakt?

Die Behauptung, dass die Fotografie viel realitätsbezogener als die manuellen Bildtechniken ist, wird in vielen Fällen relativiert. Wenn die Fotografie immer ausschließlich die Realität widerspiegelt, dann würden Fotografien in den Kunstmuseen wohl nicht gezeigt werden. Gerade viele deutsche Fotografen (Bernd und Hilla Becher, Anna und Bernhard Johannes Blume, Isa Genzken, Thomas Struth, Andreas Gursky) haben in den letzten Jahren gezeigt, inwiefern eine individuelle Bildsprache auch mittels der Fotografie – und auch manchmal unter Einbezug der digitalen Manipulation der Fotografie – möglich ist. Diese Bilder stehen mittlerweile in ihrem künstlerischen Renomée und ihrem monetären Wert in nichts mehr den gemalten Bildern nach. Bleibt doch das Motiv, dessen Selektion und die technischen Konfigurationen immer eine subjektive Entscheidung eines Autors. Bei der Dokumentarfotografie weniger, bei der künstlerischen Fotografie mehr. Im Unterschied zu Unikaten der Malerei ist die Fotografie in der Lage beliebig viele Kopien eines Motives zu produzieren. Walter Benjamin merkte zu Recht an, dass die Einmaligkeit des gemalten Bildes stets eine auratische Qualität erzeugt, welche den technisch reproduzierten Bildern nicht zuzugestehen ist. Jedoch sind die Tricks der Künstlerfotografien vielfältig: Abzüge werden in kleinen Mengen gehalten, Negative werden vernichtet, Fotos werden digital bearbeitet und die Dateien ebenso vernichtet. Das künstlerische Foto ist also viel näher an der Malerei als man denkt: „Im eidetischen Sinne unterscheidet sich (...) eine Photographie, so realistisch sie auch sein mag, in nichts von einem Gemälde." (Barthes, 1985, S. 40)

Schaut man sich die letzten 100 Jahre der künstlerischen Fotografie unter dem Gesichtspunkt der Mimesis und der Abstraktion an, dann findet man in der Vielfalt der Bilder den Beweis für zahlreiche individuelle Positionen. Der Grad der Abstraktion liegt hier eher unterschwelliger in Details des Umgangs mit Ausschnitt, Motiv, Technik, Licht und Manipulation. Sicherlich ist die Fotografie meistens nahe dem mimetischen Pol auf der Mimesis-Abstraktions-Skala, dennoch wollen wir uns hier nicht auf handgemachte Bilder beschränken. Die Ikonen des 21. Jahrhunderts sind meistens Fotografien. Die Bilder die wir täglich am häufigsten wahrnehmen sind Fotos – aber auch die Bilder, die wir am leichtesten selbst machen können.

Abbildung 23: Thomas Hoepker, 11. September 2001, New York, USA: Ufer des East River mit Blick auf das brennende World Trade Center in Lower Manhattan.

Wenn man die Abbildung betrachtet, kommen unmittelbare Vermutungen nach dem Zweifel an der Echtheit des Bildes auf. Ist es möglich, dass sich Personen zum Zeitpunkt einer solchen Katastrophe dergestalt verhalten, dass sie wie Touristen dasitzen und das Geschehen wie ein natürliches Spektakel betrachten? Die Dissonanz zwischen Bildvorder- und Bildhintergrund ist derart widersprüchlich, dass der normale Status einer Fotografie als Beweis für Tatsächliches hier in Frage gestellt wird.

ACTION PLAN

Bilder können Anleitungen sein. Sie können in naturalistischer Art Informationen und Anleitungen zum praktischen Handeln darstellen. Der dokumentarische Charakter eines Fotos kann für die direkte Anbindung an wirklichkeitsgetreue Absichten stehen. Teamarbeit und Workshopinhalte können hier im Sinne eines Schlachtplans anschauliche Eindrücke und Vorgaben illustrieren.

Eine Idee hat sich im Laufe des Workshops weiterentwickelt, ist gewachsen, hat sich immer wieder verändert und ist angepasst worden um letzten Endes den Status eines ersten, groben Konzeptes zu erlangen. Und jetzt? Ein einheitliches Wording ist dafür von Nöten.

Es hilft ungemein, wenn man es sich angewöhnt in der einen oder anderen Form mit einem Schlachtplan, mit konkreten nächsten Schritten aus einem Workshop herauszugehen. Das erhöht nicht nur die Chance, dass die ersten Schritte zum Erfolg des neuen Konzeptes auch wirklich gegangen werden, sondern es bestärkt alle Teammitglieder in dem Wissen, dass ihre Arbeitstreffen einem echten Ziel dienen und spürbare Veränderung anstoßen.

Template Action Plan
Als Download auf: www.creating-innovation.com

Und so funktioniert es:

1. Die Gruppe – alle gemeinsam oder Teilgruppen, die jeweils ein Konzept übernehmen – macht sich mit dem Template vertraut.

2. Als erstes wird das Datum und das bearbeitende Team samt dem Arbeitstitel des Konzeptes eingetragen.

3. Im Feld darunter findet die allgemeine Beschreibung des *Wie* statt. Ein *Wie* kann den gewünschten Prozess beschreiben oder ein Programm oder Methode, die zur Arbeit genutzt werden soll.

4. Die drei Stränge Kurzzeitig, Mittelfristig und Langfristig werden ausgefüllt. Dabei gilt, dass diese drei Zeitstränge von dem arbeitenden Team und/oder den Gepflogenheiten des Unternehmens bestimmt werden. Für die einen sind langfristige Aufgaben innerhalb eines Jahres zu erledigen, für manche innerhalb von 10 Jahren, für wieder andere innerhalb von sechs Monaten.

5. Die Aufgaben werden nur dann verbindlich, wenn auch diejenigen eingetragen werden, die sich tatsächlich diesen Aufgaben widmen und ein klares Zieldatum festgelegt wird. Die betroffenen Personen sollten nach Möglichkeit anwesend sein, wenn die nächsten Schritte auf diese Weise festgelegt werden. Ansonsten wird es schwer fallen, die nötige Identifikation mit den Aufgaben aufzubauen.

6. Die Teilnehmer sollten Fotos von den jeweils sie betreffenden *Action Plans* machen. Es ist immer gut, seine Aufgaben direkt auf dem Smartphone zu haben, anstatt darauf warten zu müssen, dass sie einem im Protokoll geschickt werden, aus dem man sie aufwendig herausfiltern muss.

Formulierung für das Briefing

Dieses Werkzeug ist nicht dogmatisch zu verstehen. Wenn eine angepasste Variante besser funktioniert, warum dann nicht eine Variation nutzen? Realistische Ziele mit realistischen Ressourcen und Zeithorizonten zu setzen, hilft dabei, das Vertrauen zu stärken. Nichts wirkt toxischer auf die Meetingkultur als unrealistische Ziele in zu knappen Zeithorizonten und mit mangelnden Ressourcen. Die Teilnehmer sollen ermutigt werden, sich zu den einzelnen Schritten zu äußern und auch Ansprüche an die benötigten Ressourcen zu stellen, die sie für die Erfüllung der Aufgaben benötigen werden.

Es hilft dem Gefühl des Ernst-genommen-werdens, wenn diese Ansprüche in einer Liste zum Beispiel auf einem Flipchart festgehalten werden. Das schafft Vertrauen, dass sich um diese Dinge gekümmert wird.

Zur Vorbereitung

Dauer: 30–60 Minuten
Gruppengröße: 3–5 Teilnehmer pro Gruppe oder auch alle gemeinsam.
Material (pro Gruppe):
- 1x Template auf DIN A3-Papier
- Permanent-Marker für jeden Teilnehmer
- 1–2 Flipcharts für gesamte Gruppe

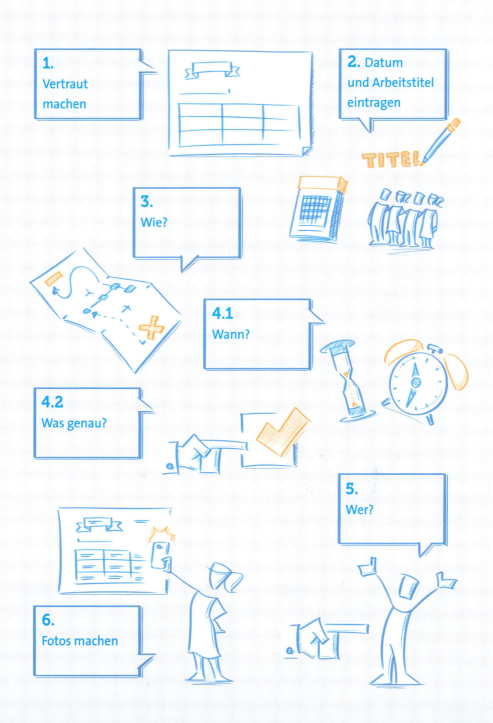

„Das einzigste Mittel die Welt zu verändern ist sie zu erklären. Sie mit Gewalt zu verändern versuchen nur diejenigen, die sie nicht erklären können."
Lion Feuchtwanger

1. Die Realität des Virtuellen

Im Kapitel Rezeption wurde dargelegt, dass Bilder immer als Modelle und damit durch die Differenz von Abgebildetem und Realität funktionieren. Die Bandbreite von Bildmodellen spielt sich dabei im Bereich zwischen Abstraktion und mimetischer Naturdarstellung ab. Bilder fungieren als Abbilder (Mimesis) oder als visuelle Konstruktionen fern ab von der Wiedergabe reeller Objekte oder Gegebenheiten (Abstraktion). Damit visuelle Kommunikation überhaupt zur Wirkung kommt, müssen Bilder in unterschiedlichen Graden der Abbildhaftigkeit auf einer Skala von real bis zu abstrakt angesiedelt sein. Selbst eine stark stilisierte Figur eines Menschen im Expressionismus kann mühelos als ein Mensch in einer bestimmten Situation mit einem bestimmten Ausdruck gelesen werden. Des weiteren kann aber auch eine fotorealistische Malerei eines banalen Alltagsgegenstandes problemlos als Bild und nicht als Realität interpretiert werden. Somit liegt das Wesen der Bilder in der Funktion, das sie von allem anderen unterschieden und als Bilder wahrgenommen werden.

Im Rahmen der Modellbildung und der Wirkungsweise von Bildern spielt die Abbildung von dreidimensionalen Räumen eine Sonderrolle. Aufgrund der Dominanz heutiger interaktiver Bildschirmdarstellungen und den damit verbundenen virtuellen Raumerlebnissen neigen wir dazu, die Darstellung des dreidimensionalen Raumes primär mit Neuen Medien in Verbindung zu bringen. Für die Gestaltung in den Medien ist die Begrifflichkeit und ein fundamentales Verständnis der Konstruktion von Virtualität von großer Bedeutung. Wenn wir uns vor Augen halten, das die alltägliche Arbeit an einem modernen Computerbetriebssystem (WYSIWYG-Oberfläche = what you see is what you get) oder die Orientierung mittels Navigationssystemen per se den Umgang mit virtuellen Raumalternativen suggeriert, dann zeigt dies, wo häufig und selbstverständlich wie in unserem Alltag mit virtuellen Welten bereits umgehen. Virtual Reality und virtueller Raum – ist tatsächlich kein neuartiges oder zeitgenössisches Phänomen, wie häufig im Kontext der neuen Medien behauptet wird. Nein, die Geschichte der Kunst zeigt, dass es den virtuellen Raum bereits in der Prähistorie beispielsweise bei den Höhlenmalereien gab.

Was ist der Kern der virtuellen Realität, wenn sie sich nicht an digitalen Medien erklären lässt? Wie funktioniert sie und mit welchen Intentionen wird sie geschaffen bzw. genutzt? Der Begriff *Virtuelle Realität* hat sich Ende der 1980er Jahre für alle denkbaren Formen digital generierter künstlicher Welten eingebürgert. Der Informatiker Jaron Lanier führte ihn 1989 anlässlich seiner Präsentation eines Datenhandschuhs auf der SIGGRAPH Konferenz in Boston ein. Seitdem wird er im Bereich der Computerkultur und Neuen Medien zusammen mit der Bezeichnungen künstliche Realität und Cyberspace für eine Bandbreite von Anwendungen verwendet, die von textbasierten Kommunikationsgemeinschaften im Internet über Computerspiele und multimediale Simulationsenvironments in der Forschung bis hin zu den filmischen Illusionsräumen der Science-Fiction reichen. Löst man den Begriff aus dem Umfeld der digitalen Medien, dann bezeichnet er jede Art von Darstellungen, die wir mit unseren Vorstellungen und Erfahrungen erfassen können, beginnend mit einer erzählten oder geschriebenen Geschichte über ein Gemälde oder eine dreidimensionale Installation bis hin zu den von einem Computer errechneten digitalen Räumen. Auffassungen und Varianten in der Vorstellung alternativer Realitäten findet man in den spirituellen Räumen des Mittelalters (das Abbild des himmlischen Jerusalems in Kirchenfresken von Giotto und Piero) gefolgt von den zentralperspektivischen Illusionsräumen der Renaissance und den Raumtricks des Barock.

Die Historie des virtuellen Raumes wird sehr eindringlich von Margaret Wertheim in ihrem Buch: „Die Himmelstür zum Cyberspace" geschildert (Wertheim, 2000).

Es scheint also von Beginn der bildnerischen Darstellung bis heute eine fortlaufende Hinwendung zu virtuellen Bildern und Umgebungen zu bestehen. Damit ist die Virtualität weniger eine Ausnahme als eine prinzipielle Tatsache von visueller und multimedialer Gestaltung. In Frankreich wurde nicht nur 1982 die Höhle von Lascaux originalgetreu nachgebaut, um die Malereien dem Massenpublikum zugänglich zu machen, 2015 geschah das auch mit den Höhlenmalereien von Chauvet. Stellt man sich die bemalten Höhlenräume unter Beleuchtung von flackerndem Licht vor, dann erkennt man deutlich Parallelen zum bewegten kinematographischen Bild. Blickt man während des Durchschreitens eines barocken Treppen- oder Kirchenraums auf die malerisch geöffneten Deckenflächen, dann erscheint die physikalisch statische Decke als Blicköffnung in eine andere Welt, ähnlich der eines Bildschirmes. Aufgrund der Tatsache, dass das Virtuelle keine alternative Welt neben der reellen bietet, sondern vielmehr Bestandteil der Realität ist, zieht Bazon Brock den Begriff *Real Virtuality* dem der Virtual Reality vor. Dadurch wird explizit dargestellt, dass Virtualität immer ein Teil der menschlichen Wahrnehmung und damit auch der Wirklichkeit ist und war.

IN 100 JAHREN

Wenn man sich kunsthistorische Bilder hinsichtlich des Zeitaspektes und der erzählerischen Struktur anschaut, dann werden Bezüge und Verweise deutlich, die sich im Laufe der Historie geändert oder neu geknüpft haben. Bilder referieren in ihren historischen Kontexten beispielsweise auf die Kirche oder auf den Adel. Heute sind die gleichen Bilder in Museen, wodurch sie Teil des Systems Kunst und Kultur geworden sind, welches ein anderes Referenzsystem bildet als das eigentliche, ihrem Ursprungsgedanken zugewiesene Bedeutungsschema.

Der Wandel der Beziehung Rezipient/Bild im Laufe der Historie veranschaulicht sehr schön einen Referenzwandel, den man ebenso auch umdrehen kann, nämlich durch die Annahme eines Bedeutungswandels von Kommunikationsmedien in der Zukunft.

Oft dreht es sich in strategischen Entscheidungen vorrangig um überschaubare Zeiträume. Die Idee hinter diesem Werkzeug *In 100 Jahren* ist es, Menschen dazu zu bewegen, primär das große Ganze einer Problemstellung zu betrachten, im Gegensatz zum Problem des Einzelnen oder dem des Details. Wenn ein Zeitraum von 100 Jahren ins Spiel kommt, entsteht eine interessante Dynamik. Jeder im Team ist sich in diesem Moment schlagartig be-

Realität

wusst, dass keiner das Ergebnis in 100 Jahren mehr erleben wird. Die Herausforderung bei der Imagination extremer Zeithorizonte ist es, ganz besonders die Empathie für nachfolgende Generationen im Unternehmen oder Umfeld zu fördern. Dieses Werkzeug ist besonders deshalb so hilfreich, weil es dazu einlädt, die Gegenwart aus der Zukunft heraus zu gestalten und nicht andersherum.

Beispiel aus der Praxis: „Indem wir uns unsere Fernziele klar vor Augen halten, schauen wir systematisch Schritt für Schritt zurück. Wir planen nicht mehr von heute auf morgen, sondern von morgen auf heute! So lässt sich die ungewisse Zukunft in einfacher zu verdauenden Häppchen abarbeiten." Dieses Werkzeug eignet sich gut als aufbauende Übung zur *Grand Tour* oder *Bildbeschreibung* bei denen vor allem der Status Quo erarbeitet wird.

Und so funktioniert es:

1. Auf dem Template wird zunächst sowohl die gegenwärtige Ist-Situation eingetragen (Sketches helfen dabei enorm). Dabei können auch Klebezettel genutzt werden, auf denen die jeweiligen Attribute geschrieben werden. So hält man den Prozess agil und schlank.

2. Danach wird die Vision, das Ziel in 100 Jahren festgelegt. *Wie sieht das Unternehmen in 100 Jahren aus? Wo wollen wir in 100 Jahren angekommen sein? Was werden wir in 100 Jahren machen?*

3. Jetzt werden einzelne Meilensteine, Projekte oder Aufgaben von der Vision abgeleitet: Was wäre 20 Jahre vor der finalen Lösung nötig zu tun, damit der gewünschte Fall auch

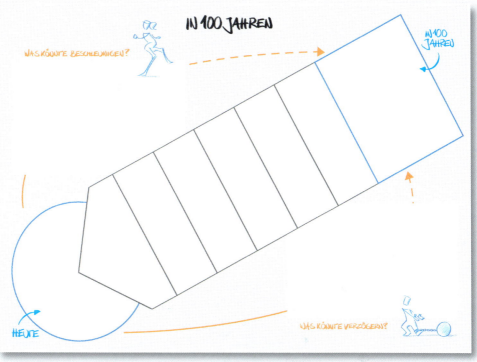

Template In 100 Jahren
Als Download auf: www.creating-innovation.com

eintritt? Dann 40 Jahre usw. Bis wir wieder im Hier und Jetzt angekommen sind. Und schon haben wir konkrete Handlungs- oder Haltungs-Aufforderungen für das Hier und Jetzt. Obwohl das Ziel in schier unerreichbarer Ferne liegt.

4. Oft entsteht eine spannende Dynamik in den Teams. Denn die Reduzierung auf einige wenige Felder macht es nötig, sehr generische Aussagen zu treffen. Genau diese Konzentration hilft dabei, die richtigen Entscheidungen im richtigen Moment einzusetzen.

5. Manchmal gibt es Faktoren, die den Prozess beschleunigen oder verlangsamen können. Wenn diese Faktoren ausgemacht werden, können sie in beiden Felder links oben und rechts unten notiert werden. Es hilft, wenn man schon direkt in diesem frühen Stadium des Prozesses bewusst auf die Elemente geschaut hat, die sowohl hilfreich als auch hinderlich sein könnten. Sind sie einmal bewusst in den Fokus gerückt worden, können sie leichter vorweggenommen werden. Es macht großen Spaß, an diese Übung das Werkzeug *Plus Ultra* anzuhängen. Dann entsteht aus dem eher logischen Plan In 100 Jahren ein in sich geschlossenes Gesamtbild, das sich dann sehr gut an den Wänden der Büroflure macht.

Formulierung für das Briefing

100 Jahre ist eine sehr lange Zeit! Und dennoch hilft es, einen Leitstern für sich selbst, sein Team und das Unternehmen zu entwickeln. Gerade das eröffnet die Chance des rückwärts Denkens. Die Herausforderung in diesen Zeithorizonten zu denken ist groß. Und es ist berechtigt zu fragen, ob wir überhaupt so weit denken müssen oder können. Aber es ist und bleibt ein wichtiges strategisches Element, über die gewohnten Zeithorizonte hinweg zu denken.

Zur Vorbereitung

Dauer: 60–120 Minuten
Gruppengröße: Je nach Teilnehmer alle zusammen (max. 8) oder in Gruppen zu 3–5.
Material (pro Gruppe):
- Das Template in A2
- Klebezettel in unterschiedlichen Farben
- Permanent Marker für jeden Teilnehmer
- 1x Pinnnadeln
- 1x Pinnwand oder Wand

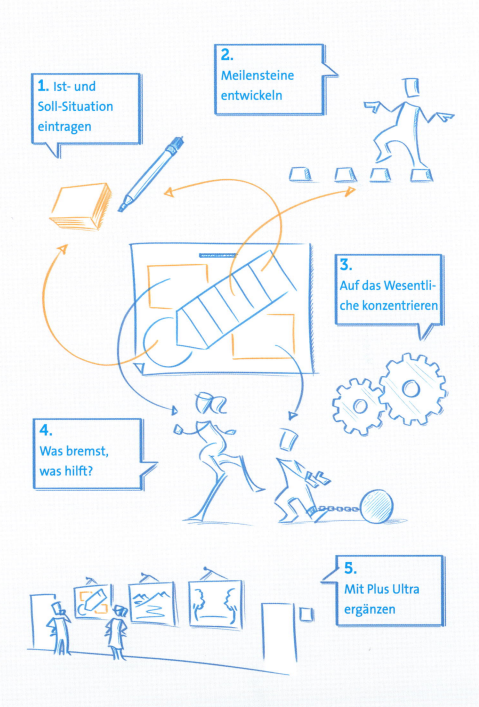

2. Das Wahre der Wahrnehmung

Die Virtualität ist also auch Bestandteil des Realen – so unklar sich das anfänglich anhört, so bedeutsam ist aber die Erkenntnis, dass es sich nicht um ein Gegensatzpaar handelt. Die virtuellen Räume dienen den reellen Räumen sozusagen als Testumgebungen, die Erfahrungen und Erkenntnisse zulassen, die Schlüsse für den Umgang mit unserer reellen Umgebung offensichtlich machen. Wie aber funktioniert das genau? Ein wichtiges Kriterium für virtuelle Welten ist die Interaktion. Das zweite entscheidende Merkmal ist das Maß, in dem sich der Mensch in die künstliche Welt hineinversetzt und von ihr umgeben fühlt (Immersion). Wir können in sie eintauchen, uns treiben lassen, surfen, in ihr agieren und mit ihr agieren.

Konstatiert man Immersion und Interaktion als die beiden entscheidenden Kriterien für die Erschaffung virtueller Welten, dann kann jegliche Form der Kunstproduktion, sei es bildende oder darstellende Kunst, Werke der Musik oder der Literatur als Erschaffung eines virtuellen Raumes angesehen werden. Der amerikanische Philosoph Nelson Goodman stellt die Fragen: „In just what sense are there many worlds? What are worlds made of? How are they made? What role do symbols play in the making? And how is worldmaking related to knowing" (Goodman, 1978, S.1)? Dabei wird hier der Symbolbegriff sehr allgemein gefasst: Buchstaben, Wörter, Texte, Töne, Bilder, Diagramme, Modelle und vieles mehr. All diesen Symbolsystemen gemeinsam ist, dass mit ihnen eine Welterzeugung möglich ist. Was sie allerdings grundlegend unterscheidet, ist der Grad an Immersion, den sie unter anderem aufgrund der sehr verschiedenen Anforderungen an den Betrachter/Nutzer, hervorrufen. So erfordert ein Text eine viel intensivere Eigenimagination als beispielsweise ein Museumsbesuch. Das scheint auf der Hand zu liegen, schließlich wird bei einem Museumsbesuch der visuelle Sinn viel intensiver

---

Der Begriff der Immersion bezeichnet den Zusammenhang zwischen einer künstlichen Umwelt und deren Wahrnehmung.
→ S. 193

angesprochen. Aber zusätzlich sind alle anderen Sinne ja nicht ausgeschaltet. Ich höre, fühle, rieche und zudem befinde ich mich in einer speziellen öffentlichen Umgebung. Mit meinem Buch sitze ich bei mir zu Hause oder in einem Café, das mich mit seinen Umgebungsgeräuschen möglicherweise eher von meinem Text ablenkt. Und dennoch kennen wir alle dieses Gefühl in einen Text einzutauchen, ganz in der virtuellen Welt der Geschichte gefangen zu sein. Fordert ein Text die individuelle Vorstellung von Bildern im Kopf, so bietet ein Bild hingegen einen anderen Zugang. Bilder bieten uns die Möglichkeit der hyperlinearen Rezeption, d.h. des Wandern des Blicks nach Belieben durch den Bildraum. Die individuelle Vorstellung liegt hier viel mehr in der Bewegung als in der Interpretation der Inhalte, wie beim Lesen. Wobei auch hier der Raum des Betrachters und der Raum des Bildes ineinander spielen. Letztlich geht es bei allen künstlerisch geschaffenen Raum- bzw. Weltentwürfen um eine Verschiebung der Perspektive. Der Betrachter/Nutzer nimmt einen anderen Standpunkt ein und kann so eine andere Welt sehen, was ihn wiederum dazu befähigt, das was ist besser zu erkennen und zu beschreiben.

Dies ist sicher einer der Gründe für die Faszination, die von der Erschaffung alternativer Welten ausgeht – die Erweiterung des eigenen Horizontes. Aber es geht auch um praktische Dinge. Virtuelle Räume dienen als Versuchseinrichtungen dem Selbstschutz bei unbekannten Situationen und gefährlichen Handlungsszenarien. Irreversible Konsequenzen, wie zum Beispiel Flugzeugabstürze werden in Flugsimulatoren virtuell geübt, damit das Handlungspotential von Piloten diesen Situationen gewachsen ist. Simulationen schaffen künstliche Gegebenheiten, die uns trainieren mit der Welt umzugehen. Entweder zu unserem Schutz, zu unserer Unterhaltung oder zu unserer Information. Die prähistorische Höhle, das himmliche Jerusalem in der mittelalterlichen Weltanschauung, der dreidimensionale Bildraum

Abbildung 24: Lorenzo Lippi, Allegorie der Simulation, 1650, Musée des Beaux-Arts, Angers.

Die weibliche Figur hält eine Maske, und führt uns damit vor Augen, dass sie sich diese nur aufsetzen müsste, um ihre wahre Identität zu verbergen. Dabei steht die Maske für den Doppelsinn von Identität und Simulation: Zugleich zeigt diese etwas und verbirgt es aber.

der Renaissance, die virtuelle Öffnung statischer Architektur im Barock: überall alternative Wirklichkeiten zur Überzeugung, Orientierung und Information für ein Publikum. Wir wandern durch ein Computerszenario und sind uns doch stets im Klaren, dass wir uns nicht wirklich dort befinden. Wir kreieren in Projektmeetings künstliche Situationen, um uns auf unvorhersehbare Marktsituationen einstellen zu können, genauso wie wir Kriegssituationen simulieren um im Ernstfall agieren zu können – oder besser noch – diesen zu vermeiden. Interaktive digitale Anwendungen sollen Mannschaftssportler hinsichtlich ihrer Antizipation, wie mögliche Spielverläufe entstehen, trainieren. Ärzte agieren mit virtuellen Operationsszenarien, damit sie nicht am lebenden Organismus versagen. Simulation ist modern. Die Kunstgeschichte zeigt uns deren Entwicklung und wir können lernen, Bilder als Modelle einzusetzen um uns zu schulen. Das wusste Lorenzo Lippi als er Mitte des 17. Jahrhunderts die *Allégorie de la Simulation* malte.

3. Vermischung von Realitäten

In einem Kontinuum zwischen den Extrempolen Realität und Virtualität reichern wir diese mit digitalen Informationen an und erschaffen so einen Mix, den wir *Augmented Reality* nennen. Diese Anreicherung der Realität mit digitalen Informationsschnipseln ist seit einiger Zeit über mobile Displays, wie Tablets oder Smartphones möglich. Die AR hat sich dennoch nicht durchgesetzt. Zu groß ist die Hürde, die Welt ständig durch ein Interface zu betrachten. Dabei sind die Übergänge vielleicht irgendwann mal so fließend, wie heute jeder eine Vorstellung von Zeit hat, die in gleichem Maße virtuell ist, wie beispielsweise die visuelle Information von Daten, die uns mittels Google Glasses zugespielt werden.

Der Mensch im Barock wurde in die Lage versetzt seinen Vorstellungshorizont vom Himmlichen anhand von illusionistischer Deckenmalerei zu erweitern. Die Vermischung von Architektur, Skulptur und Malerei stellt in Würzburg (Residenz), Rom (St. Ignazio) oder den oberbayerischen Rokoko Kirchen (Wies, Steingaden, Partenkirchen) Paradebeispiele von künstlichen Raumerweiterungen hin zu geistigen Räumen der christlichen Heilsgeschichte her. Die Augentäuschung der *Trompe l'oeil* Malerei verfügt über einen derart naturalistischen Eindruck, dass bis heute immer wieder neue Ausformungen dieser Tricktechnik auftauchen. Man findet diese in der Streetart, in der Werbung, bei Computerspielen, bei Ausstellungen oder performativen Aufführungen. Gemeinsam ist dabei immer: Die Simulation ist erkennbar eine

Abbildungen 25: Zein Okko, Pig A Card, Computerspiel, 2015.

Das Zustandekommen virtueller Welten ist immer das Ergebnis eines präzisen Designprozesses. Dabei muss man in den ersten Phasen davon ausgehen, dass die Immersion und damit die überzeugende Kraft des Eintauchens in die Virtualität noch nicht darstellbar ist. Bei dem Solo Kartenspiel „Pig A Card" erkennt man die Phasen des manuellen Entwerfens, des Illustrierens von Elementen mit digitaler Software und die fertige virtuelle Welt mit detaillierten Szenarien. Der Grad der Immersion steigt von Phase zu Phase.

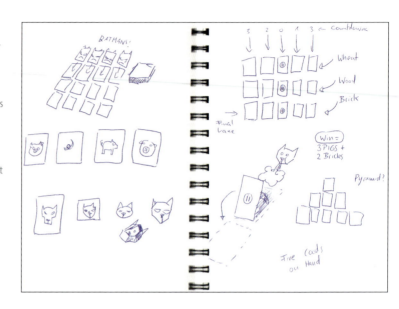

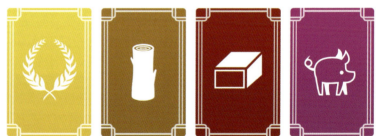

Simulation. Die Erkenntnis dabei zielt auf die Differenz von Simulation und Simuliertem. Wäre diese nicht erkennbar, handelte es sich um eine Eins-zu-Eins-Übertragung von Sachverhalten, und damit um eine überflüssige Duplizierung von etwas Gegebenen. Wenn wir uns die Abfolge von virtuellen Bildsituationen anschauen, dann beobachten wir nach der malerischen, zeichnerischen Befähigung Räume zu simulieren eine immer weiter ausfernde Technisierung von Bildern. In der Reihenfolge: Malerei, Fotografie, Film, digitales Interface und Augmented Reality steigert sich der Aufwand vom analogen Handwerk zu mittlerweile völlig unsichtbaren Technikkonfigurationen. Dabei erscheint uns die Startphase von virtuellen Apparaturen wie Datenhandschuhe und -helme heute weiterhin fast schon als skuril und im Alltag nicht tauglich.

→   Immersion

Der Begriff der „Immersion", vom lat. Verb „immergere" – eintauchen oder versenken – abgeleitet, bezeichnet den Zusammenhang zwischen den in einer künstlichen Umwelt angesprochenen Sinnen eines Menschen und der daraus resultierenden Empfindung, Teil der simulierten Umgebung zu sein. Je mehr Sinne einbezogen werden und je realistischer die erzeugten Eindrücke wirken, umso glaubwürdiger wird die Empfindung, Teil der virtuellen Welt zu sein und umso weniger wird sich die Person in ihrer realen Welt wahrnehmen. Neben visuellen Eindrücken können auch Ton, haptische Reize sowie Geruch und Geschmack eingesetzt werden. Ebenso kann die reelle Welt mit der digitalen Welt vermischt werden. Augmented Reality (angereicherte Realität) erweitert mittels eines Bildschirms und einer Kamera

Abbildung 26: Giovanni Battista Tiepolo, 1752–1753, 19 x 32 m, Deckenfresko, Residenz von Würzburg.

Steigt man die Treppe in der Würzburger Residenz hinauf oder hinab und betrachtet währenddessen die Decke, erscheint eine Welt, die sich je nach Position des Treppensteigers immer wieder neu und anders präsentiert. Betrachtet man die Details, dann wird sehr schnell klar, dass das Weglassen der Übergänge zwischen Bild und Raum, zwischen Wand und Decke oder zwischen Malerei und Skulptur eine Spannung und Emergenz erzeugt, die damals die Menschen ähnlich beeindruckt haben muss, wie heute beispielsweise digitale Welten eines Computerspiels. (Breidenich, 2010, S. 13)

VIRTUAL RAPID PROTOTYPING

Virtual Rapid Prototyping baut auf dem Grundsatz auf: Virtualität ist Bestandteil der Realität. Mittels schneller Iteration und visueller Weiterentwicklung einer Idee versetzen wir uns in die Lage, sehr schnell und dennoch tiefgreifend Ideen nicht nur zu generieren, sondern auch ihre Alternativen und Weiterentwicklungen zu entwerfen. Und das mit einem sehr hohen Tempo.

Um sich in einen Zustand der bedingungslosen Auseinandersetzung mit alternativen Szenarien einzufühlen, müssen alle Hürden, Ecken und Kanten, die uns an unsere wirkliche Welt erinnern, eingerissen werden. Das bedeutet, wir müssen uns ohne Wenn und Aber auf eine alternative Welt einlassen, die für den Zeitpunkt des Arbeitens unsere Wirklichkeit darstellt. Schritt für Schritt erfahren wir in dieser Welt, was sein könnte, wenn...

Beispiel aus der Praxis: Je intensiver wir eintauchen, desto mehr Erkenntnis gewinnen wir. „Während wir mit dem *Virtual Rapid Prototyping* gearbeitet haben, flog die Zeit einfach so an uns vorbei. Wir haben so viele Ideen erschaffen... das hätten wir nie für möglich gehalten", sagte uns ein Teilnehmer eines Workshops.

Und so funktioniert es:

1. Bei dieser Übung geht es um Geschwindigkeit. Es gibt 5 Phasen. Jede Phase dauert 5 Minuten. Zur Orientierung hilft ein für alle sichtbarer Timer.

2. In der ersten Phase wird die Idee schnell und skizzenhaft im Feld Nr. 1 notiert.

3. Jetzt wird es interessant! In den beiden Feldern Nr. 2 werden Ideen skizziert, die sich auf einen Aspekt der ersten Idee beziehen.

4. In die Eckfelder mit der Nr. 3 wird wiederum jeweils ein Aspekt der vorherigen Ideen aufgegriffen. Und im zentralen Feld Nr. 3 werden Ideen aus Nr. 2 zu einer neuen Idee verschmolzen.

5. Die Felder Nr. 4 ergeben sich wieder aus Ideen der verschiedenen Felder Nr. 3.

6. Und zu guter Letzt werden in Feld Nr. 5 die Ideen aus den Feldern Nr. 4 kondensiert.

7. So sind in 25 Minuten aus ursprünglich einer Idee neun Ideen geworden. Die besten dieser Ideen können dann entweder in einer *Paper Point* Session oder in *Action Plans* weiter verarbeitet werden.

8. Die *Visuelle Galerie* eignet sich als Anschlussmethode sehr gut, um alle Teilnehmer wieder zusammen zu bringen.

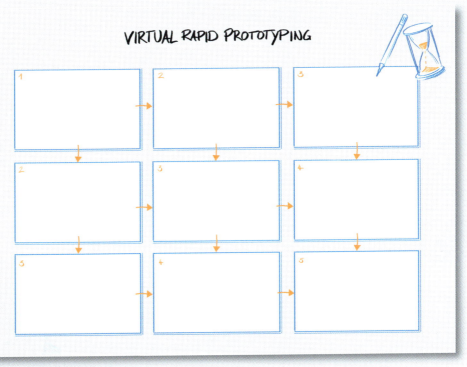

Template Visual Rapid Prototyping
Als Download auf: www.creating-innovation.com

Formulierung für das Briefing

Virtual Rapid Prototyping ist ein Werkzeug, in dem es auf Masse statt Klasse und auf das Eintauchen in alternative Wirklichkeiten ankommt. Und das muss den Teilnehmern bewusst gemacht werden. Es kommt nicht darauf an, dass die eine besonders tolle Idee herauskommt. Es kommt darauf an, dass unzählige Ideen entstehen, aus denen immer wieder neue Ideen erwachsen können. Auch hier – wie so oft – kommt es nicht auf das *Wie* der Zeichnungen an, sondern auf das Zeichnen als potentielle Innovationskraft: *Zeichne schnell, direkt und ohne Ressentiments!*

Realität

Zur Vorbereitung

Dauer: 30–45 Minuten
Gruppengröße: Einzelarbeit bis zu max. 3er Gruppen
Material (pro Gruppe):
- Template *Virtual Rapid Prototyping*
- Schwarzer Stift
- Klebeband

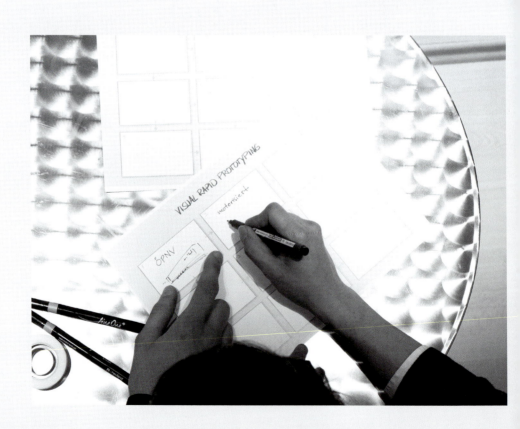

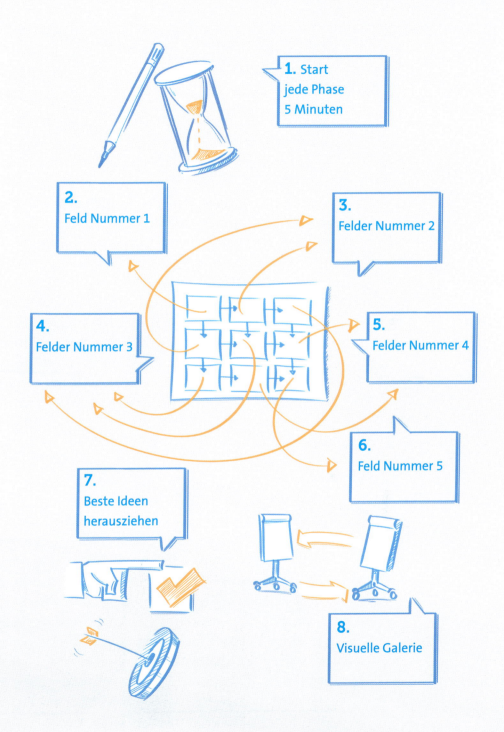

Fazit

In den Texten des Buches geht es um kultur-, kunst- und medienhistorische Diskurse: Die Reise zu den Ruinen der Antike, der Streit um die Wirkungsmacht der Bilder, die Selbst- und Fremddarstellung von Individuen mit unverwechselbarer Identität oder die Eröffnung von alternativen Welten als Anreicherung der Realität. Die textlichen Beispiele werden durch Abbildungen unterstützt: Historische Gemälde, Werbekampagnen und Grafiken. Diese Ausführungen werden immer wieder unterbrochen durch Praxisanleitungen für Workshops und Teamarbeit, welche sich mehr oder weniger aus den vorangegangenen kulturhistorischen Themen ableiten. Alles in allem entstehen so Werkzeuge, die sich aus Geschichten speisen, die ihre Wirkungskraft als historisches Ereignis bewiesen haben. Daraus leitet sich das Potential für die gegenwärtige Gestaltungsarbeit an Problemstellungen in alltäglichen Umfeldern ab. Die Werkzeuge sind sowohl sprachlich beschrieben als auch mit Illustrationen abstrahiert dargestellt. Man kann sie somit schnell wiederfinden, ohne den Text erneut lesen zu müssen.

Am Schluss nun stellt sich die Frage, als wie effizient sich diese Methode in der Praxis erweist? Selbstverständlich wurde schon probiert, getestet und umgesetzt. Sowohl die Herleitung aus den Geschichten, als auch die Werkzeuge haben schon dutzende Kreativarbeiterinnen und -arbeiter in den unterschiedlichsten Kontexten angewendet: Kreativtrainings für Coaches und TV-Designer des öffentlich-rechtlichen Rundfunks, Change-Prozesse in der Pharma- und Versicherungsbranche, strategische Innovation im Marken- und Servicemanagement sowie in der universitären Ausbildung in Design- und Managementstudiengängen. Ebenso wurden und sollen die Aspekte und Ansätze im Rahmen von Forschungsprojekten evaluiert und weiter entwickelt werden.

Das alles ist nicht zu guter Letzt der Brisanz des Spannungsfeldes geschuldet: Einerseits das rationale Denken und Wissen, andererseits das künstlerische, auf die Emotionen und die irrationalen Verhaltensmuster von Rezipienten, Anwendern und Kunden eingehende Denken und Tun. Wir glauben, dass der scheinbare Gegensatz von Technik, Wissenschaft, Ökonomie und kreativem Denken zu Gunsten einer erfolgreichen und ergebnisorientierten Zusammenarbeit in der Praxis aufgehoben werden muss.

Für ein umfassendes Fazit reicht das aber noch nicht. Die Individualität derjenigen, die diese Methode anwenden, ist zu heterogen. Zum jetzigen Zeitpunkt ist eine letztendliche Bewertung noch nicht möglich. Deshalb hoffen wir auf Feedback von Workshops, die Inhalte aus *Creating Innovation* umgesetzt haben oder umsetzen wollen, um die Methoden zu verbessern und zu modifizieren. Die vielen Transformationen, Möglichkeiten und Entwicklungen von Ereignissen aus der Vergangenheit hat uns seit Beginn an diesem Buch bestärkt, Bezüge ins Hier und Heute zu ziehen. Jetzt gilt es in die Diskussion einzusteigen, wozu wir ausdrücklich einladen!

Literaturquellen

Arnheim, Rudolf (1972), Anschauliches Denken, Köln.

Barthes, Roland (1985), Die helle Kammer, Frankfurt a.M.,Erstauflage 1980, Paris.

Bonsiepe, Gui (2009), Entwurfskultur und Gesellschaft: Gestaltung zwischen Zentrum und Peripherie, Birkhäuser.

Buchanan, Richard (1992), 'Wicked problems in design thinking', in Margolin, Victor/Buchanan, Richard (1995), The Idea of Design, MIT Press.

Beuys, Joseph (1989). Auch wenn ich meinen Namen schreibe zeichne ich. Ausstellungskatalog Galerie & Edition Schlégl, Zürich.

Brock, Bazon (1977), Ästhetik als Vermittlung. Arbeitsbiografie eines Generalisten, Köln: DuMont.

Brock, Bazon (1986), Ästhetik gegen erzwungene Unmittelbarkeit: Die Gottsucherbande. Schriften 1978–1986, Köln: DuMont.

Brock, Bazon (2002), Der Barbar als Kulturheld. Gesammelte Schriften 1991–2002, Köln: DuMont.

Brock, Bazon (1990), 'Musealisierung – eine Form der experimentellen Geschichtsschreibung', in Bazon Brock, Die Re-Dekade – Kunst und Kultur der 80er Jahre, München: Klinkhardt und Biermann.

Brock, Bazon/Preiß Achim (1990), Ikonographia, Anleitung zum Lesen von Bildern, München, 1990.

Brilli, Attilio (2012), Als Reisen eine Kunst war. Vom Beginn des modernen Tourismus: Die Grand Tour. Deutsche Ausgabe, Wagenbach, Berlin.

Breidenich, Christof (2010), @Design. Ästhetik, Kommunikation, Interaktion. Heidelberg: Springer.

Chatman, S. (1978), Story and Discourse. Narrative Structure in Fiction and Film. Cornell University Press.

Gardner, Howard (1983), Frames of Mind. The Theory of Multiple Intelligence, New York.

Gombrich, Ernst (2002). Kunst und Illusion, Phaidon Press Limited. (Erstausgabe 1960).

Goodman, Nelson (1978), Ways of Worldmaking, Indianapolis.

Han, Byung-Chul (2012), Transparenzgesellschaft, Berlin.

Ehses, Hanno / Lupton, Ellen (1980), Rhetorical Handbook. An illustrated Manual for Graphic Designers. Halifax: Design Division, Nova Scotia College of Art and Design, Design Papers 5.

Hockney, David (2006), Geheimes Wissen. Verlorene Techniken der alten Meister, 2. Auflage, München.

Kelley, David / Kelley, Tom (2013), Creative Confidence: Unleashing the Creative Potential Within Us All, New York.

Lupton, Ellen / Abbott Miller, J. (1994), Dreieck, Quadrat und Kreis. Bauhaus und Design-Theorie heute Basel, Boston, Berlin.

Kaemmerling, Ekkehard (1998), Bildende Kunst als Zeichensystem. Ikonographie und Ikonologie. Köln: DuMont.

Latour, Bruno (2007): Eine neue Soziologie für eine neue Gesellschaft, Frankfurt a.M.

Marek, Michaela J. (1985), Ekphrasis und Herrscherallegorie, Worms, 1985.

McLoud, Scott (2006), Making Comics: Storytelling Secrets of Comics, Manga and Graphic Novels, William Morrow.

Milev, Yana, (2011), Emergency Design, Berlin.

Mühlmann, Heiner: Die Natur der Kulturen, Wien, 1996.

Protzen, J.-P. / Harris, D.J. (2010), The Universe of Design. Horst Rittel´s Theories of Design and Planning, New York, London.

Reck, Hans Ulrich, Natur als Sprache. Ästhetische Suggestionen, in: Huber/Heller/Reck (Hrsg) (1989). Imitationen. Nachahmung und Modell: Von der Lust am Falschen. Ausstellungskatalog Museum für Gestaltung Zürich, Frankfurt a.M.

Simon, Herbert A. (1996), The Sciences of the Artificial, 3rd edition, Massachusetts Institute of Technology.

Tufte, Edward R. (2006), The Cognitive Style of Power Point, Graphics Press.

Ullrich, Wolfgang (2000), Mit dem Rücken zur Kunst: Die neuen Statussymbole der Macht, Wagenbach.

Warncke, Carsten-Peter (1987), Sprechende Bilder – Sichtbare Worte, Wiesbaden.

Watson, James D., (2011) Die Doppel-Helix: Ein persönlicher Bericht über die Entdeckung der DNS-Struktur, Rowohlt.

Wertheim, Margaret (2000), Die Himmelstür zum Cyberspace. Eine Geschichte des Raumes von Dante zum Internet, Zürich.

Wyss, Beat (2013), Renaissance als Kulturtechnik, Hamburg.

Bildquellen

Abbildung 1
Katherine Read (ehemals James Russel zugewiesen), British Gentlemen in Rome, ça. 1750, 95 x 135 cm, Öl auf Leinwand, Yale Center for British Art, Paul Mellon Collection, New Haven.
© Yale Center for British Art.
http://collections.britishart.yale.edu/vufind/Record/1670921

Abbildung 2
James Watson, Francis Crick, Doppel-Helix-Model der DNA Struktur, 1953.
Foto: © Antony Barrington-Brown/Science Photo Library/Agentur Focus

Abbildung 3
René Magritte, Der Verrat der Bilder, 1929, ca. 60 x 81 cm, Los Angeles County Museum.
© C. Herscovici, Brussels/Artists Rights Society (ARS), New York.
© Photo SCALA, Florence, 2016. http://collections.lacma.org/node/239578

Abbildung 4
London Metroplan. http://content.tfl.gov.uk/standard-tube-map.pdf

Abbildung 5
Gerhard Mercator, Himmelsglobus, 1551, Kultur- und Stadthistorisches Museum Duisburg.
Foto: © Kurt Steinhausen

Abbildung 6
Museum Schnütgen, Köln, St. Cäcilien, 12. Jhd., Innenraum. 1976–1980 Köln, Schnütgen-Museum, Raumaufnahme. Foto: © Rheinisches Bildarchiv Köln: rba_c001357

Abbildung 7
Musiksalon der Villa Stuck, 1897–1898, © Museum Villa Stuck, Foto: Jens Weber.

Abbildung 8
Uta von Naumburg, Sandstein, 1240–1250, Naumburger Dom.
http://commons.wikimedia.org/wiki/File:Naumburg-Uta.JPG
Foto: © Linsengericht – Own work, CC BY-SA 3.0, https://commons.wikimedia.org/w/index.php?curid=4800398

Abbildung 9
Walt Disney, Schneewittchen.
http://img.bluray-disc.de/files/review/big__Schneewittchen-Review05.jpg

Abbildung 10
Matthias Grünewald, Die Auferstehung Christi, Isenheimer Altar, 269x307 cm, 1506–1515, Museum Unterlinden, Colmar.
https://commons.wikimedia.org/wiki/File:Mathis_Gothart_Grünewald_044_cropped.jpg
The Yorck Project: 10.000 Meisterwerke der Malerei. DVD-ROM, 2002. ISBN 3936122202. Distributed by DIRECTMEDIA Publishing GmbH.

Abbildung 11
Friedrich Barbarossa und Söhne, Welfenchronik, 1179–1191, Miniatur, Hessische Landesbibliothek Fulda. https://commons.wikimedia.org/wiki/File:Friedrich-barbarossa-und-soehne-welfenchronik_1-1000x1540.jpg

Abbildung 12
Lambert Sustris (früher Tizian zugeschrieben), Kaiser Karl im Lehnstuhl, 1548, Öl auf Leinwand, 205 x 122 cm, Alte Pinakothek, München.
https://commons.wikimedia.org/wiki/File:Karl_V.-Carlos_I._1548_(Tiziano_Vecellio%3F)_066.jpg
The Yorck Project: 10.000 Meisterwerke der Malerei. DVD-ROM, 2002. ISBN 3936122202. Distributed by DIRECTMEDIA Publishing GmbH.

Abbildung 13
Canaletto, Regatta auf dem Canale Grande, ca. 1740, Öl auf Leinwand, 121 x 183 cm, National Gallery, London.
https://commons.wikimedia.org/wiki/File:Giovanni_Antonio_Canal,_il_Canaletto_-_Regatta_on_the_Canale_Grande.jpg
The Yorck Project: 10.000 Meisterwerke der Malerei. DVD-ROM, 2002. ISBN 3936122202
Distributed by DIRECTMEDIA Publishing GmbH.

Abbildung 14
Alle im Afri Cola Rausch, Werbeanzeige mit drei Nonnen, 1968, Fotografie.
Foto: © bpk – Bildagentur für Kunst, Kultur und Geschichte/Charles Wilp.

Abbildung 15
AEG Logos. https://www.aeg-haustechnik.de/de/home/unternehmen/presse/logos.html

Abbildung 16
Teppich von Bayeux (Ausschnitt), nach 1050, ca. 680 x ca 50 cm, Stickerei, Wolle und Leinen, Centre Guillaume de Conquérant, Bayeux. https://commons.wikimedia.org/wiki/File:Bayeux_Tapestry_scene29-30-31_Harold_coronation.jpg
Foto: © Myrabella

Abbildung 17
Lukas Cranach d. Ä., Das Paradies, 1530, 81 x 114 cm, Öl auf Leinwand, Kunsthistorisches Museum, Wien. https://upload.wikimedia.org/wikipedia/commons/5/51/Lucas_Cranach_%28I%29_-_Adam_and_Eve-Paradise_-_Kunsthistorisches_Museum.jpg
The Yorck Project: 10.000 Meisterwerke der Malerei. DVD-ROM, 2002. ISBN 3936122202. Distributed by DIRECTMEDIA Publishing GmbH.

Abbildung 18
Hagesandros, Athenedoros und Poydoros, Laokoon-Gruppe, Kopie aus dem 1.Jhd nach Chr. nach einem Original von ca. 200 v.Chr., 184 cm, Marmor, Vatikanische Museen, Rom.
https://commons.wikimedia.org/w/index.php?curid=1302927
Foto: © Marie-Lan Nguyen (2009)

Abbildung 19
Wappen aus der spanischen Flagge. Sodipodi's Clipart Gallery by Pedro A. Gracia Fajardo.
https://commons.wikimedia.org/wiki/File:Escudo_de_España.svg

Abbildung 20
Gerrit Dou (Gerard Dou), Selbstportrait mit Palette in einer Nische, ca. 1660–1665, Öl auf Leinwand, Museum Louvre.
https://upload.wikimedia.org/wikipedia/commons/2/22/G%C3%A9rard_Dou.jpg
Foto: © Pascal3012

Abbildung 21
Franz Gertsch, Marina schminkt Luciano, 1975, Acryl auf Baumwolle, 234x364,5 cm, Museum Ludwig, Köln. Foto: © Rheinisches Bildarchiv Köln: rba_d000179

Abbildung 22
Camera Obscura, 1671, Kupferstich, (nach Athanasius Kircher Ars Magna Lucis et Umbrae, 1645). http://www.creativeapplications.net/wp-content/uploads/2013/07/1646_AthanasiusKircher-Camera-Obscura-frArsMagnusLucisEtUmbrae-OFFICIAL-copy.jpg

Abbildung 23
Thomas Hoepker: 11. September 2001, New York, USA: Ufer des East River mit Blick auf das brennende World Trade Center in Lower Manhattan.
Foto: © Thomas Hoepker/Magnum Photos/Agentur Focus.

Abbildung 24
Lorenzo Lippi, Allegorie der Täuschung, ca. 1640, 73 x 89 cm, Öl auf Leinwand, Musée des Beau Arts, Angers.
http://musees.angers.fr/collections/uvres-choisies/musee-des-beaux-arts/lippi-allegorie-de-la-simulation/index.html

Abbildungen 25
Zein Okko, Pig A Card, Computerspiel, 2015.
http://gamejolt.com/games/pig-a-card/114221

Abbildung 26
Giovanni Battista Tiepolo, 1752–1753, 19 x 32 m, Deckenfresko, Residenz von Würzburg.
https://de.wikipedia.org/wiki/Giovanni_Battista_Tiepolo#/media/File:W%C3%BCrzburg_tiepolo_1.jpg
Foto: © Welleschik

Die Autoren bedanken sich bei Ralf Spiller, Brigitte Breidenich, Miriam Kuckhoff-Pohl, Victoria Salley, Benjamin Dammeier, Lukas Thum, Thorsten Trayser, Fabian Coenradie, Julia Spieß und Daycha Los.

Alle Fotografien auf den grau hinterlegten Seiten von Daycha Los.

Die Abbildungen der Templates und Visualisierungen der Schritte zur Durchführung der Werkzeuge wurden gezeichnet von Benjamin Dammeier und Lukas Thum.

Das Werkzeug: *Draw It!* wurde angelehnt an *Draw Toast* von Dave Gray. Das Werkzeug: *Flipchart Sketches* wurde angelehnt an *Napkin Sketches* von Alexander Osterwalder.

 Templates und aktuelle Informationen zum Buch auf:
www.creating-innovation.com

 Prof. Dr. Christof Breidenich lehrt Mediendesign und Designmanagement am Campus Köln der Hochschule Macromedia. Seit 1992 ist er in den Bereichen visueller und performativer Unternehmenskommunikation und als Dozent, Coach, Forscher und Buchautor tätig.
www.breidenich.de

Holger Nils Pohl ist ein international tätiger Visual Strategy Facilitator. Als Gründer des *WorkVisual Institute,* Herausgeber der WorkVisual App, Dozent an mehreren Hochschulen und Trainer ist er in den Bereichen Innovation, Change, Business Model Innovation und Strategie aktiv.
www.holgernilspohl.de